Acreditación docente para teleformación: formador/a *online*

Acreditación docente para teleformación:
formador/a *online*

Mercedes Fernández Correas
Sara Jiménez Jiménez
Silvia López García

Paraninfo | ESPECIALIDADES FORMATIVAS

Paraninfo

© Autoras: Sara Jiménez Jiménez, Mercedes Fernández Correas y Silvia López García

© Ediciones Paraninfo, SA, 2025
1.ª edición, 2025

C/ Sierra de Guadarrama 35. Naves 2, 3, 4 y 5
Pol. Ind. San Fernando II,
28830 San Fernando de Henares
Teléfono: 914 463 350
clientes@paraninfo.es / www.paraninfo.es

Producción: Nacho Cabal Ramos
Maquetación:

ISBN: 978-84-283-6729-5
Depósito legal: M-4241-2025
(29.965)

Impreso en España

Liberdigital
(Casarrubuelos, Madrid)

La editorial recomienda que el alumnado realice las actividades sobre el cuaderno y no sobre el libro.

Paraninfo

Este manual desarrolla la especialidad formativa denominada Acreditación docente para teleformación: formador/a online. Con código SSCE002PO.

El objetivo general es adquirir los conocimientos necesarios para impartir formación en la modalidad *online*.

El libro responde fielmente al desarrollo curricular establecido en los 5 módulos formativos que integran el programa formativo:

Módulo 1: Características generales de la formación y el aprendizaje en línea
Módulo 2: Funciones, habilidades y competencias del tutor-formador
Módulo 3: Métodos, estrategias y herramientas tutoriales. La plataforma de teleformación
Módulo 4: Programas y herramientas informáticas para tutorizar al alumnado. Comunicación y evaluación en línea
Módulo 5: Las redes sociales como elemento de búsqueda de recursos para el aprendizaje

El cómputo total de horas formativas es de 60.

Las unidades del libro se acompañan de multitud de recursos didácticos que ayudarán a la mejor comprensión de la materia de estudio:

- Desarrollo del currículo oficial.
- Lenguaje claro y sencillo que favorece la comprensión.
- Explicaciones exhaustivas y rigurosas, pero también amenas y asequibles.
- Gran cantidad de fotografías y tablas explicativas.
- Recuadros con información complementaria.
- Argot técnico con los términos más relevantes para facilitar su consulta.
- Ejemplos reales para ilustrar los contenidos teóricos.
- Actividades finales en todas las unidades.

Este libro cuenta con el solucionario de las actividades incluidas en el libro al que puede accederse previo registro, desde la ficha web de este libro en www.paraninfo.es.

Solucionario disponible en
www.paraninfo.es

Contenido

Introducción

Dentro de este contenido, se desarrollará la información relativa a las habilidades y las competencias profesionales que un/a docente de teleformación o formación *online* tiene que conocer y manejar en su día a día laboral.

El perfil profesional del/la formador/a *online*, es uno de los más demandados actualmente dentro del sector de la formación no reglada. Tanto para la tutorización de acciones formativas conducentes a la obtención de los Certificados de Profesionalidad, como de las Especialidades Formativas que podemos encontrar dentro del catálogo existente del SEPE actualmente.

El uso y manejo de las NTIC ya no solo nos reclaman una actualización como usuario/a, sino que también, dentro del desarrollo profesional como trabajadores/as del sector de la formación, nos exige un mejor y mayor conocimiento de las herramientas que se utilizan a través de las plataformas *online* que las propias empresas y centros de formación ponen al servicio de su alumnado.

Así pues, si nuestro interés está puesto en la formación *online*, teleformación, formación a distancia, o como queramos denominarlo, esta Especialidad Formativa, será sobre la que deberemos trabajar.

Formador en un aula.

Características generales de la formación y el aprendizaje en línea

Abordamos la formación y el aprendizaje en línea, destacando el papel de las tecnologías de la información y la comunicación (TIC) en la educación digital y explorando el concepto de formación *online*, sus características, ventajas y herramientas utilizadas.

Contenido

La formación *online*, también conocida como *e-learning*, ha revolucionado la manera en la que las personas accedemos al conocimiento y desarrollamos nuevas habilidades. Esta formación, caracterizada por su flexibilidad y accesibilidad, permite al alumnado aprender desde cualquier lugar y en cualquier momento, adaptándose a sus propios ritmos y horarios. Aprovechando los recursos digitales que tenemos a nuestra disposición y el acceso a las tecnologías digitales, podemos encontrar una amplia variedad de formaciones que pueden proporcionar una experiencia formativa diferente a la tradicional. Utilizando recursos, como vídeos interactivos, foros de discusión, tutorías en línea y materiales interactivos, se puede enriquecer la experiencia de aprendizaje. Además, la formación *online* fomenta la autonomía y la autodisciplina, ya que cada persona que decide realizar este tipo de formación debe gestionar su tiempo, su disponibilidad, su implicación y su motivación para cumplir con los objetivos del curso.

Figura 1.1. Formación *online*.

1.1. Las TIC en la formación

> Las TIC son un conjunto de tecnologías que permiten el acceso, la producción y el tratamiento de información, con finalidades comunicativas y basadas en diferentes códigos textual, gráfico y/o audiovisual, por ejemplo.

Por su carácter accesible y la mayor comodidad que ofrece, el dispositivo de interacción TIC más utilizado es el ordenador. Este aparato ha sido durante años el pilar fundamental en la implementación de las tecnologías de la información y la comunicación (TIC), proporcionando a los/as usuarios/as una plataforma robusta para una amplia variedad de tareas, desde la navegación por Internet hasta la realización de trabajos complejos y específicos en diferentes campos profesionales. La versatilidad y potencia de los ordenadores los convierten en herramientas indispensables tanto en el ámbito laboral como en el educativo y personal a día de hoy.

Sin embargo, con el auge y la extensión de dispositivos táctiles como tabletas y teléfonos inteligentes, la aplicación de las TIC a la vida diaria y también a la formación se ha visto renovada y actualizada. Estos dispositivos han revolucionado la manera en que interactuamos con la tecnología, ofreciendo interfaces más intuitivas y accesibles.

Las tabletas, por ejemplo, combinan la portabilidad con una pantalla lo suficientemente grande para realizar tareas de productividad, acceder a contenidos multimedia y participar en actividades educativas de manera efectiva.

Los teléfonos inteligentes, por otra parte, han transformado por completo nuestra forma de comunicarnos y acceder a la información, permitiendo llevar en nuestros bolsillos una herramienta poderosa y capaz de realizar casi todas las funciones de un ordenador.

Figura 1.2. Formación en nuestra mano.

Actualmente, podríamos llegar a decir que el propio ordenador ha sido desbancado por el teléfono móvil con conexión a Internet. Este cambio se debe a varios factores:

- En primer lugar, la ubicuidad de los teléfonos inteligentes ha hecho que sean una extensión natural de las personas. Siempre están a mano y podríamos incluso decir que «en la mano». Esto hace que siempre estén listos para ser utilizados en cualquier momento y lugar.

- Las mejoras continuas en las capacidades de *hardware* y *software* de estos dispositivos han hecho que sean cada vez más capaces de manejar tareas que anteriormente requerían del uso de un ordenador. Aplicaciones avanzadas de edición de documentos, herramientas de comunicación y colaboración en tiempo real, y el acceso inmediato a una vasta cantidad de recursos educativos y de entretenimiento son solo algunas de las funciones que los smartphones ofrecen hoy en día.

- También es importante mencionar el papel de las redes sociales y las aplicaciones móviles en este cambio, ya que han facilitado la creación y el consumo de contenido por parte de cualquier persona que quiera hacerlo, de una manera rápida y eficiente.

La posibilidad de acceder a Internet, desde nuestro propio móvil, hace que muchas personas dejen de contemplar el uso del ordenador como única herramienta para realizar multitud de tareas y gestiones diarias. Desde las gestiones administrativas, médicas o laborales, hasta toda la variedad de actividades de ocio, compras y comunicación disponibles actualmente. Por tanto, esto hace que tengamos que ver el uso de las TIC desde otra perspectiva que está en constante cambio y actualización desde el punto de vista social y también educativo.

Ejemplos de TIC que cotidianamente podemos emplear serían:

- Los servicios de mensajería instantánea.
- El comercio electrónico.
- La búsqueda de información en la red.
- La banca en línea.
- El acceso a horarios de transportes públicos.
- La localización de espacios, calles y GPS.
- El correo electrónico.
- Los videojuegos y aplicaciones de ocio.

Figura 1.3. *E-learning.*

El origen del uso de la terminología acerca de las TIC, está en el final de la década de 1990, cuando empezó a generalizarse el uso de ordenadores desde el punto de vista laboral y el surgimiento de programas informáticos aplicables tanto a la empresa como al estudio y acceso a la información de otros puntos del planeta. Y apareció Internet en nuestra vida común cotidiana, a través de nuestros puestos de trabajo y algunos centros educativos como las universidades e institutos de secundaria, donde veíamos que nos ofrecía un acceso ilimitado a la información que se encontraba en aquel momento en total expansión y crecimiento a través de la red. En aquel momento no veíamos del todo el potencial que tenía esta herramienta para incorporarse de forma absoluta en la vida cotidiana de las personas.

Al igual que ocurrió con otras tecnologías en el momento en que surgieron, las TIC se fueron incorporando a la formación como **tecnologías de la educación** y, se reconocieron rápidamente las ventajas que podían aportar a nuestro campo. Estas ventajas eran evidentes, por ejemplo, en la capacidad de disponer de mucha más información para realizar procesos de enseñanzaaprendizaje y, sobre todo, como herramienta que facilitaba la comunicación en dichos procesos.

Las TIC permitieron el acceso a una variedad y a una cantidad sin precedentes de recursos educativos como no habíamos tenido anteriormente. Desde bibliotecas digitales hasta bases de datos académicas, que enriquecieron significativamente el material disponible tanto para formadores/as como para estudiantes.

Figura 1.4. Acceso a las NTIC.

Además, la comunicación entre alumnado y formadores/as, se volvió más dinámica y efectiva con el uso de herramientas como el correo electrónico, los foros de discusión y, más recientemente, las plataformas de videoconferencia, que han transformado la interacción educativa.

A día de hoy, los dispositivos han variado y su uso doméstico, diario y generalizado, se ha extendido, pero los principios definitorios de las TIC que se propusieron en épocas anteriores siguen vigentes en la actualidad. La **accesibilidad** y la **capacidad de conectar a personas** a través de distancias grandes han permanecido como fundamentos esenciales.

Con la evolución de la tecnología, hemos visto la introducción de dispositivos más avanzados como las tabletas y los teléfonos inteligentes, que han llevado la educación a nuevas fronteras. Estos dispositivos no solo han hecho que el acceso a la información sea más fácil y rápido, sino que también han introducido nuevas formas de aprender, como aplicaciones educativas interactivas y entornos de realidad aumentada, que hacen el aprendizaje más atractivo y eficaz.

Al igual que otros avances tecnológicos que hemos conocido, las TIC generaron una transformación educativa, realizando cambios tanto en el uso de nuevos dispositivos y herramientas, como también en los métodos de enseñanzaaprendizaje. La incorporación de las TIC ha fomentado el desarrollo de metodologías de aprendizaje más centradas en el/la estudiante, como el **aprendizaje basado en proyectos**, el **aprendizaje colaborativo** y el **aprendizaje personalizado**. Estas metodologías aprovechan la tecnología para adaptarse a las necesidades individuales de los/as estudiantes, promoviendo una educación más inclusiva y equitativa. Además, la evaluación de los/as estudiantes también se ha transformado con la tecnología, permitiendo el uso de herramientas digitales para realizar pruebas, actividades, cuestionarios y proporcionar retroalimentación instantánea que incide directamente en la percepción y motivación del propio alumnado sobre su progreso en la formación.

Esto ha supuesto una reconstrucción en las funciones y tareas de los principales personajes del acto educativo. Los/as formadores/as, han tenido que adaptarse a nuevos roles, pasando de ser meros/as transmisores/as de conocimiento, a facilitadores/as y guías en el proceso de aprendizaje. Han tenido que **desarrollar competencias digitales** para integrar eficazmente las TIC en sus prácticas pedagógicas y aprovechar al máximo las oportunidades que estas ofrecen.

Por su parte, el alumnado ha asumido un papel más activo y autónomo en su educación, desarrollando habilidades de **autoaprendizaje** y **gestión del tiempo**, esenciales en el contexto de la educación digital.

La interacción entre formadores/as y alumnado se ha vuelto más colaborativa, fomentando un entorno de aprendizaje más dinámico y participativo, donde el intercambio de ideas y la resolución conjunta de problemas se han convertido en la práctica habitual de trabajo.

Las TIC se integran en el proceso de enseñanza-aprendizaje desde estas áreas:

- Como recurso didáctico.
- Como objeto de estudio.
- Como elemento comunicativo y expresivo.
- Como herramienta organizativa, de gestión y de administración educativa.
- Como herramienta de investigación.

Desde el inicio, la incorporación de los medios audiovisuales y el uso de la informática dentro del aula, nos ofrece una serie de **ventajas** comunicativas y educativas, entre las que vamos a destacar las siguientes:

- Facilita la transmisión y estructuración de la información.
- Genera estímulos motivacionales y atrae, favoreciendo los procesos de atención.
- Permiten estructurar la realidad de forma diversa y con ejemplos variados.
- Facilitan el trabajo de la memoria y el acceso a la información.
- Estimulan la adquisición de nuevos aprendizajes mediante nuevos procesos.

- Ofrecen la posibilidad de un *feedback* inmediato.
- Permiten soportar cualquier tipo de contenido, utilizando un interface atractivo y dinámico.

Figura 1.5. Las TIC en la formación.

Con la incorporación de las nuevas tecnologías a los ambientes educativos, se pretende fomentar aspectos clave para el desarrollo de ese proceso de enseñanzaaprendizaje:

- Mayor flexibilidad de la enseñanza.
- Eliminación de barreras espaciotemporales entre docentes y alumnado.
- La ampliación de la oferta educativa para el alumnado.
- La promoción del aprendizaje cooperativo y del autoaprendizaje.
- La individualización de la enseñanza.
- La adaptación de los medios a las necesidades y características concretas del alumnado contemplando su diversidad.
- La compensación comunicativa en personas con necesidades educativas especiales.

Figura 1.6. Creatividad *online*.

Aun con todo, podemos clasificar las tecnologías dentro de la educación de la siguiente forma:

- **TIC**: tecnologías de la información y la comunicación.

- **TAC**: tecnologías del aprendizaje y la creación.

- **TEP**: tecnologías del empoderamiento y la participación.

Esta diferenciación, parte del **uso didáctico** que se les dé a estas tecnologías. Por lo tanto, la diferenciación sería la siguiente:

- **Tecnologías de la información y la comunicación (TIC).** Referidas a los dispositivos y tecnologías que permiten intercambiar información. Las TIC constituyen recursos fundamentales para la transmisión de información en el ámbito educativo, destacándose por su capacidad para adaptarse a las necesidades individuales de los/as estudiantes. Estos medios no solo facilitan el acceso a conocimientos diversos, sino que también promueven habilidades tecnológicoinstrumentales, indispensables en el mundo actual. La integración de las TIC en el proceso educativo amplía significativamente las oportunidades de aprendizaje, ofreciendo herramientas interactivas y colaborativas que enriquecen la experiencia educativa y preparan a los/as estudiantes para enfrentar los desafíos de nuestra sociedad actual.

- **Tecnologías del aprendizaje y del conocimiento (TAC).** Referidas al **uso de las TIC para hacer eficiente el modelo educativo**, las TAC enfatizan la importancia de la metodología y su integración en la planificación educativa. Estas tecnologías son herramientas fundamentales para facilitar el aprendizaje a través de la **realización de actividades dinámicas y colaborativas**. Su aplicación formativa está diseñada para promover un aprendizaje significativo mediante estrategias innovadoras en entornos digitales, que buscan transformar los métodos tradicionales de enseñanza. La implementación de TAC no solo implica una estrategia digital, sino también metodológica, adaptándose a las necesidades individuales de los/as estudiantes y fomentando la creatividad y la autonomía en el proceso de enseñanzaaprendizaje en el que participen.

  En ocasiones, el uso de TAC no solo facilita la adquisición de nuevos conocimientos, habilidades, destrezas o aptitudes, sino que también puede generar nueva información y perspectivas que enriquecen el aprendizaje de una persona. Un ejemplo práctico de esto sería la creación y gestión colaborativa de un blog en un grupo clase, donde los/as estudiantes no solo consumen información, sino que también la crean y comparten, desarrollando habilidades de investigación, comunicación y trabajo en equipo en un entorno digital dinámico y participativo.

- **Tecnologías para el empoderamiento y la participación (TEP).** Referidas al uso de las propias tecnologías para transformar el entorno, mediante la interacción en la web 2.0, las TEP permiten al alumnado no solo consumir contenido, sino también colaborar activamente en su creación y difusión. La participación se entiende como una forma de colaboración entre formadores/as y estudiantes, independientemente de las limitaciones espaciotemporales. Estas tecnologías están fundamentadas en la concepción del aprendizaje como un fenómeno social, dialógico y comunitario de construcción de conocimiento, promoviendo la interacción y el intercambio de ideas entre los/as participantes. Esto implica una redefinición del rol del/la docente, como diseñador/a del entorno tecnológico de aprendizaje, facilitando experiencias educativas que fomenten la creatividad, la autonomía y la colaboración.

Un ejemplo ilustrativo de las TEP sería la creación de una página web temática donde los/as estudiantes puedan publicar artículos, compartir recursos y participar en debates relacionados con el tema de estudio. Asimismo, la creación de un canal en plataformas como YouTube, donde los/as estudiantes puedan producir vídeos educativos y compartir sus conocimientos con un público más amplio, también ejemplifica el empoderamiento y la participación que promueven estas tecnologías.

Otro caso práctico podría ser la producción de un pódcast educativo, donde los/as estudiantes investiguen, elaboren contenidos y graben episodios sobre temas relevantes, promoviendo el aprendizaje colaborativo y la expresión personal en un formato accesible y atractivo para una audiencia determinada.

Figura 1.7. NTIC en el *e-learning*.

1.2. ¿Qué es la formación *online*?

ORÍGENES Y EVOLUCIÓN

La **formación a distancia** no solo es una realidad desde hace varias décadas, sino que constituye una vía alternativa de acceso a la formación de diversa índole, especialmente para aquellas personas cuya situación personal, social o laboral requiere de una mayor flexibilidad y adaptabilidad.

Esta modalidad educativa ha evolucionado significativamente con el tiempo, adaptándose a las necesidades cambiantes de la sociedad contemporánea. Aunque la idea fundamental de separación espaciotemporal entre formador/a y alumno/a sigue siendo central, los avances tecnológicos del siglo xxi han transformado radicalmente su implementación.

En la actualidad, la formación a distancia adquiere connotaciones más complejas y dinámicas que las atribuidas en sus inicios. El *e-learning* no solo se limita a facilitar la comunicación entre formadores/as y estudiantes a través de medios específicos, sino que se ha convertido en un pilar fundamental de los sistemas educativos modernos. La introducción de nuevos dispositivos y técnicas propias de la sociedad 2.0 ha redefinido los modelos de información utilizados en las acciones formativas actuales. Este enfoque no solo implica la transmisión de conocimientos, sino también el desarrollo de habilidades digitales y la capacidad de adaptación a un entorno tecnológico en constante evolución.

Figura 1.8. *Online learning.*

El *e-learning* se posiciona así en la vanguardia de la educación, ofreciendo contenidos formativos actualizados que responden a las demandas y desafíos de la sociedad contemporánea. La integración de herramientas interactivas, plataformas de aprendizaje colaborativo y recursos multimedia enriquece la experiencia educativa, promoviendo un aprendizaje más flexible, accesible y personalizado. En este contexto, el papel del/la formador/a, se transforma en el de un/a facilitador/a de aprendizaje, que guía y apoya a los/as estudiantes en su proceso de adquisición de conocimientos y competencias relevantes para el mundo digital actual.

Al investigar su origen histórico, la primera referencia para entender correctamente el *e-learning* es la integración de las tecnologías de la información y la comunicación (TIC) en contextos educativos y de formación, lo que en España se conoce como teleformación.

Fundamentalmente, nos referimos a la **formación a distancia** utilizando algún medio tecnológico como, por ejemplo:

- Cintas de audio/vídeo.
- Televisión interactiva.
- CD-ROM.
- Internet.

Figura 1.9. Casete.

En este sentido, los primeros pasos en teleformación están ligados al modelo de **enseñanza asistida por ordenador (EAO),** que emplea de forma paralela imágenes estáticas y texto. Este enfoque inicial sentó las bases para la evolución hacia métodos más interactivos y multimediales en la educación a distancia.

Evidentemente, este modelo se superó con rapidez al **caracterizarse por una interactividad nula**: había cambiado el medio, pero la metodología seguía siendo clásica y tradicional. Con el avance de las tecnologías digitales, surgió la necesidad de métodos más dinámicos y participativos en la educación a distancia. Esto llevó a la implementación de plataformas interactivas, simulaciones y entornos virtuales de aprendizaje que enriquecieron significativamente la experiencia educativa, permitiendo una mayor personalización del proceso de enseñanzaaprendizaje según las necesidades individuales de los/as estudiantes.

En el modelo EAO basado en imágenes y textos estáticos, no encontramos aspectos que resulten más motivadores que el uso que ya hemos hecho anteriormente de un libro de texto convencional. Esta limitación evidenció la necesidad de incorporar elementos interactivos y multimediales que no solo facilitaran el acceso a la información, sino que también estimularan un aprendizaje más dinámico y atractivo para los/as estudiantes.

En estos primeros momentos, con la aparición del hipertexto como herramienta que permite asociar enlaces o *links* a un documento escrito o a una presentación multimedia, y el crecimiento de los recursos multimedia, los materiales creados para la formación a distancia comienzan a presentar ventajas frente a la educación convencional. Esta innovación no solo facilitó un acceso más interactivo y personalizado a la información, sino que también permitió a los/as estudiantes explorar contenidos de manera **no lineal,** y adaptar su aprendizaje según sus propios ritmos y estilos de aprendizaje.

La posibilidad de incluir imágenes en movimiento, efectos de sonido y espacios de interacción a través de la plataforma educativa no solo permite sumar información en diferentes soportes al contenido escrito, sino que también tiene un impacto positivo en aspectos psicológicos relacionados con los procesos de aprendizaje. La **motivación**, la **acción** y la **atención** son algunos de los beneficios derivados de la interacción activa con la plataforma para el alumnado.

Con la implementación de las redes telemáticas y la expansión y democratización de Internet, la revolución en la formación a distancia se ha ido diversificando enormemente. Desde las posibilidades de aprendizaje autodidacta hasta la secuenciación de contenidos y el establecimiento de plataformas pedagógicamente diseñadas mediante el uso del *e-learning*, se ha facilitado un acceso más equitativo y flexible a la educación.

Esto ha permitido a los/as estudiantes adaptar su ritmo de aprendizaje y explorar temas de manera más profunda y personalizada, aprovechando al máximo los recursos interactivos y colaborativos disponibles en entornos virtuales de aprendizaje.

La integración de herramientas multimedia y la interactividad en las plataformas educativas no solo enriquece la experiencia de aprendizaje, sino que también prepara a los/as estudiantes para enfrentar los desafíos de un mundo cada vez más digitalizado y globalizado. La capacidad de interactuar con contenidos educativos de manera dinámica no solo fomenta un aprendizaje más profundo y significativo, sino que también promueve habilidades críticas como el pensamiento creativo, la resolución de problemas y la colaboración en línea, esenciales para el éxito en el siglo XXI.

Asimismo, la metodología que sustenta este tipo de educación resulta atractiva para una amplia diversidad de colectivos y profesionales, tanto en el ámbito de la formación continua como en el uso de las TIC dentro de la formación reglada.

> La concepción actual de la formación *online* difiere tanto de la enseñanza presencial tradicional como de la formación a distancia convencional.

La propuesta del *e-learning* no solo representa una evolución en términos metodológicos y tecnológicos, sino que también incorpora una serie de valores añadidos que son altamente valorados tanto por el alumnado, como por los/as docentes. Esta modalidad educativa no solo facilita el acceso a contenidos y recursos educativos de manera flexible y conveniente, sino que también promueve la autonomía del alumnado y fomenta habilidades digitales fundamentales para el mundo contemporáneo.

Uno de los aspectos más destacados del *e-learning* es su capacidad para adaptarse a las necesidades individuales de cada alumno/a, permitiéndoles aprender a su propio ritmo y en cualquier momento y lugar.

Además, la interactividad y la variedad de recursos multimedia disponibles en las plataformas educativas mejoran significativamente la experiencia de aprendizaje, haciendo que sea más dinámica y participativa.

Los entornos virtuales de aprendizaje no solo ofrecen la posibilidad de acceder a información actualizada y relevante, sino que también facilitan la colaboración y el intercambio de conocimientos entre alumnado y formadores/as, creando comunidades de aprendizaje en línea que enriquecen el proceso educativo.

Figura 1.10. Entorno virtual de aprendizaje.

La creciente disponibilidad de tecnología y la generalización de los requisitos técnicos necesarios para el *e-learning* ha democratizado aún más el acceso a la educación de calidad. Hoy en día, la mayoría de los/as estudiantes tiene acceso a dispositivos y conexiones a Internet adecuadas, lo que elimina barreras tradicionales y amplía las oportunidades educativas para personas de diversas condiciones y ubicaciones geográficas. Esta accesibilidad ha transformado radicalmente el panorama educativo, permitiendo a un número cada vez mayor de personas beneficiarse del acceso y uso del aprendizaje en línea.

> El *e-learning* (Electronic Learning), también llamado teleformación o aprendizaje virtual, es una formación que emplea la red (Internet) y las tecnologías de la información y la comunicación (TIC) como herramientas esenciales para la comunicación e interacción entre todas las personas participantes en el proceso educativo, el acceso a los contenidos didácticos y para el desarrollo integral de todas las acciones formativas.

EL PRINCIPAL FIN DE LA FORMACIÓN ONLINE, ES EL LOGRO DE LOS OBJETIVOS DE APRENDIZAJE MEDIANTE LA INTERACCIÓN CON CONTENIDOS Y ACTIVIDADES A TRAVÉS DE UN DISPOSITIVO COMO EL ORDENADOR.

Esta modalidad educativa se caracteriza por su capacidad para proporcionar acceso flexible y conveniente a recursos educativos, permitiendo a los/as estudiantes aprender de manera autónoma y adaptativa. La interacción con los contenidos no se limita solo a la lectura pasiva, sino que incluye la participación activa en su progreso sobre los contenidos teóricos, en las discusiones y conversaciones en foros, en la realización de actividades prácticas y en la retroalimentación inmediata a través de plataformas digitales.

Figura 1.11. *E-learning.*

El concepto de educación *e-learning* ha sido definido por varios autores y en diferentes momentos desde su aparición. Desde sus primeras formas, hasta las metodologías más avanzadas de hoy en día, el *e-learning* ha evolucionado significativamente para integrar tecnologías emergentes y adaptarse a las necesidades cambiantes de los/as estudiantes y del propio mercado laboral.

Esta diversidad terminológica refleja la constante innovación y adaptación del campo educativo digital, que utiliza términos como *aprendizaje virtual*, *educación en línea* y *formación a distancia*, dependiendo de las herramientas y recursos tecnológicos empleados en cada contexto específico.

La terminología variada no solo refleja la evolución tecnológica, sino también los diferentes enfoques pedagógicos y metodológicos utilizados en el diseño de cursos *e-learning*. Desde entornos virtuales de aprendizaje hasta sistemas de gestión del aprendizaje (LMS), cada término destaca aspectos específicos como la accesibilidad, la personalización del aprendizaje y la colaboración en línea entre alumnado y formadores/as. Estas diversas aproximaciones subrayan la versatilidad del *e-learning* como un enfoque educativo que puede adaptarse a diversas necesidades y contextos educativos, promoviendo la inclusión y el aprendizaje continuo en la era digital.

Figura 1.12. Formación *e-learning*.

EL *E-LEARNING* COMPRENDE FUNDAMENTALMENTE DOS ASPECTOS BÁSICOS NECESARIOS:

- **Pedagógico**. Referido a la tecnología educativa como disciplina de estudio en el ámbito de las Ciencias de la Educación. Se trata de la vinculación entre medios tecnológicos, la psicología educativa, la teoría de la educación y la didáctica. Esta integración permite desarrollar metodologías y estrategias de enseñanza más efectivas y adaptadas a las necesidades de los/as estudiantes del siglo XXI, potenciando así su proceso de aprendizaje. Además, se enfoca en cómo los recursos tecnológicos pueden ser utilizados para mejorar la calidad educativa, fomentar la motivación y el compromiso de los/as alumnos/as y facilitar la evaluación continua del progreso académico.

- **Tecnológico**. Se refiere a las tecnologías de la información y la comunicación, en concreto a los procesos de selección, personalización, diseño, implementación, alojamiento y mantenimiento de soluciones en dónde se integran dichas tecnologías. Esto incluye la elección de plataformas y herramientas adecuadas para cumplir con los objetivos educativos, la adaptación de estas herramientas a las necesidades específicas de los/as usuarios/as y el desarrollo de interfaces intuitivas y accesibles. Además, abarca la implementación de estas tecnologías en entornos educativos, asegurando su correcto funcionamiento y su integración eficaz en el proceso de enseñanzaaprendizaje. Asimismo, el alojamiento y el mantenimiento de estas tecnologías, a través de herramientas útiles, funcionales y efectivas, son cruciales para garantizar la continuidad y la calidad del servicio educativo, permitiendo actualizaciones regulares y el soporte técnico para resolver cualquier problema que pueda surgir a lo largo del proceso de formación.

Figura 1.13. Nueva forma de aprender en línea.

¿CUÁLES SERÍAN LAS CARACTERÍSTICAS DISTINTIVAS PARA IDENTIFICAR LA FORMACIÓN DE TIPO *ONLINE* O *E-LEARNING*?

- El aprendizaje se produce a través del ordenador u otro dispositivo electrónico.
- Es necesario el uso de navegadores web para el acceso al contenido.
- A pesar de la distancia espacio temporal entre formador/a y alumno/a, se mantiene la conexión y la comunicación entre ambas personas.
- Se utilizan diferentes herramientas comunicativas de manera tanto sincrónica como asincrónica.
- Tiene un carácter multimedia.
- Hay un almacenaje, mantenimiento y administración de los materiales sobre un servidor web.
- Se genera la posibilidad de un aprendizaje flexible.
- El aprendizaje está muy apoyado en tutorías.
- Se utilizan materiales digitales.
- Existe una mayor promoción del aprendizaje individualizado en lugar de colaborativo.
- Tiene un eminente carácter interactivo.

Dentro de la formación a distancia podemos encontrar diferentes posibilidades. Algunas de ellas son las plataformas *elearning* o la teleformación que, pese a sus similitudes, muestran diferencias conceptuales y procedimentales.

Figura 1.14. Soluciones *e-learning*.

Veamos las **características básicas que las diferencian**:

PLATAFORMAS E-LEARNING

Son espacios educativos y comunicativos a distancia, creados con un objetivo formativo concreto y que requieren del uso de las TIC e Internet.

Estas plataformas representan un entorno virtual donde se lleva a cabo el proceso educativo, facilitando la interacción entre alumnado y formadores/as, así como el acceso a una amplia variedad de recursos didácticos. Al estar diseñadas específicamente para la educación en línea, incorporan diversas herramientas y funcionalidades que permiten una experiencia de aprendizaje integral y adaptativa.

La estructura de estas plataformas se basa en módulos de formación *e-learning*, de carácter asíncrono, que facilitan la posibilidad a los/as estudiantes de realizar cursos y actividades gestionando su planificación según su propia disponibilidad espaciotemporal. Esto significa que los/as estudiantes pueden acceder a los contenidos y completar las tareas en cualquier momento y desde cualquier lugar, lo que les otorga una gran flexibilidad para compatibilizar sus estudios con otras responsabilidades personales o profesionales.

La existencia de esos módulos asíncronos, permite a los/as estudiantes avanzar a su propio ritmo, revisando el material tantas veces como sea necesario y participando en actividades y evaluaciones que refuerzan su aprendizaje sin necesidad de estar conectados en un horario determinado o desde un lugar concreto.

Además de los módulos de formación, las plataformas *e-learning* suelen ofrecer herramientas adicionales como foros de discusión, correo electrónico, mensajería instantánea, chats en línea, videoconferencias y espacios para la entrega de tareas y retroalimentación. Estas herramientas promueven la colaboración y la comunicación entre todos los participantes de la formación, creando una comunidad de aprendizaje **activa** y **dinámica**. Los foros y chats permiten a los/as estudiantes intercambiar ideas, resolver dudas y trabajar en equipo, mientras que las videoconferencias posibilitan sesiones en tiempo real donde los/as docentes pueden impartir clases, responder preguntas y orientar al alumnado de manera directa.

Las plataformas *e-learning* también incluyen **sistemas de seguimiento y evaluación** que permiten a los/as docentes monitorizar el progreso de los/as estudiantes en tiempo real, identificar áreas de mejora y proporcionar retroalimentación personalizada.

Estos sistemas facilitan la gestión del proceso educativo, asegurando que cada estudiante reciba el apoyo necesario para alcanzar sus objetivos formativos. La combinación de flexibilidad, accesibilidad y herramientas interactivas hace que las plataformas *e-learning* sean una solución educativa eficaz y adaptada a las necesidades del mundo actual.

TELEFORMACIÓN

Los continuos cambios sociales derivados del desarrollo tecnológico han repercutido en el papel esencial de la formación en nuevas competencias. La visión de nuevos entornos profesionales, de diferentes avances, referidos a las nuevas herramientas de trabajo y sistemas de producción, etc., implican la necesidad de formarse para adaptarse y mantenerse en el mercado laboral. Esto supone que tanto las personas que tengan experiencia profesional, como las que no la tengan, han de estar actualizadas desde el punto de vista formativo para poder acceder a las ofertas de empleo que encontremos en la actualidad.

La formación continua y la formación profesional ocupacional, caracterizadas por las necesidades específicas de sus alumnos/as, se han centrado en las posibilidades que ofrecen las nuevas tecnologías, demandando nuevas vías de acceso. Estas vías de acceso suponen una nueva concepción de los procesos educativos que superan la tradicional formación a distancia: la teleformación.

Ya hemos dicho que el uso de Internet aumenta las posibilidades de acceso a la formación para una mayor cantidad de personas, en cualquier lugar y momento.

> La teleformación puede definirse como un proceso educativo a través de Internet, que ofrece un entorno interactivo, multidisciplinar y en constante actualización, dando al alumnado el protagonismo sobre su propio aprendizaje.

Figura 1.15. Formación a distancia.

La **ventaja** básica de la teleformación está en la posibilidad de ofrecer experiencias de aprendizaje objetivamente estructuradas, con independencia del momento y ámbito de interacción del alumnado.

Esto significa que los/as estudiantes pueden acceder a los contenidos educativos en cualquier momento y desde cualquier lugar, sin estar restringidos por horarios fijos o ubicaciones específicas. De forma inmediata, es posible acceder a una gran cantidad de información actualizada y estructurada pedagógicamente, lo que permite a los/as estudiantes mantenerse al día con los últimos desarrollos en su campo de estudio y asegurar que el conocimiento adquirido sea relevante y aplicable.

Además, la teleformación facilita el **aprendizaje autodirigido**, ya que los/as estudiantes pueden seguir su propio ritmo y dedicar más tiempo a las áreas que encuentran más desafiantes. La estructura pedagógica de los materiales asegura que el contenido se presenta de manera lógica y coherente, facilitando la comprensión y la retención del conocimiento.

Los recursos disponibles en plataformas de teleformación, como vídeos, lecturas interactivas y evaluaciones en línea, están diseñados para apoyar diversos estilos de aprendizaje y hacer que la experiencia educativa sea más completa y enriquecedora para quien accede a ella desde el rol de alumno/a.

Asimismo, la **flexibilidad** de la teleformación permite a los/as estudiantes equilibrar sus estudios con otras responsabilidades personales y profesionales. Esta modalidad es especialmente beneficiosa para aquellos que tienen compromisos laborales, familiares, personales o que viven en áreas geográficas remotas donde el acceso a la educación presencial es limitada. La capacidad de acceder a contenidos educativos de alta calidad sin las restricciones tradicionales de tiempo y lugar democratiza el acceso a la educación y abre oportunidades para una mayor cantidad de personas.

Figura 1.16. Formándote en línea.

Otras **ventajas** que nos ofrece este modelo de formación, serían las siguientes:

- **Carácter global, holístico y accesible.** Se trata de la capacidad de involucrar a cualquier grupo de personas, debido a la eliminación de las limitaciones de tiempo y espacio. Esta superación de las barreras tradicionales permite a personas de diversos contextos y ubicaciones participar activamente, creando un entorno inclusivo y accesible para todos. Con esta flexibilidad, se fomenta la participación de personas que, de otro modo, no podrían acceder a determinadas experiencias o recursos educativos, profesionales o sociales, facilitando así una mayor diversidad y colaboración en las actividades y proyectos compartidos.

- **Carácter universal.** Gracias al uso de Internet, se puede acceder a información de cualquier parte del mundo, creada por cualquier persona, empresa o entidad, que se actualiza constantemente, sin estar restringido por limitaciones geográficas. Esta accesibilidad global garantiza que el conocimiento esté disponible para todas las personas que quieran acceder a ella, independientemente de su ubicación, permitiendo que la información más reciente y relevante sea compartida y utilizada por personas de diferentes zonas, países o regiones, fomentando así un intercambio de conocimientos más amplio y enriquecedor.

- **Flexibilidad.** Es una ventaja tanto para la docencia como para los/as estudiantes que enfrentan dificultades con horarios y ubicaciones. La enseñanza se ajusta a las necesidades específicas de aprendizaje de cada persona, sin importar su edad, ocupación o cualquier otro rasgo o característica de la persona. Esta modalidad educativa permite que la formación esté disponible las veinticuatro horas del día y en cualquier lugar, siempre que haya acceso a Internet, ofreciendo una flexibilidad incomparable que facilita el aprendizaje continuo y accesible para todas las personas.

Figura 1.17. Flexibilidad de la formación.

- **Seguimiento y evaluación personalizados y permanentes.** Entre los principales cambios y ventajas metodológicas, el/la formador/a dispone de herramientas específicas para observar la evolución de su alumnado. Tanto en el ámbito general como individual. Estas herramientas permiten un seguimiento detallado del trabajo de los/as estudiantes, proporcionando datos precisos sobre su participación en actividades, su cumplimiento de tareas y su interacción con los contenidos del curso. Además, facilitan el monitoreo del progreso en el estudio, identificando áreas de fortaleza y aquellas que requieren mayor atención. Esto no solo mejora la capacidad del/la formador/a para ofrecer retroalimentación oportuna y personalizada, sino que también permite ajustar las estrategias de enseñanza necesarias para satisfacer mejor las necesidades individuales de cada estudiante. Gracias a estas tecnologías, los/as formadores/as pueden crear un entorno de aprendizaje más dinámico y adaptativo, promoviendo una formación más eficaz y centrada en cada estudiante.

- **Carácter interactivo.** Las nuevas tecnologías aportan a la formación a distancia la posibilidad de implementar diferentes metodologías educativas. El aprendizaje dialógico y el trabajo cooperativo, son algunas de las metodologías que se benefician enormemente del entorno digital. Gracias al contacto permanente entre los integrantes de la acción formativa, tanto el alumnado como los/as docentes pueden colaborar y comunicarse de manera efectiva, incluso sin llegar a establecer relaciones presenciales. Esta interacción constante permite el intercambio de ideas, la resolución conjunta de problemas y la creación de un ambiente de aprendizaje enriquecedor y participativo. Además, las herramientas digitales facilitan la organización de actividades colaborativas y el seguimiento del progreso grupal, potenciando así la cohesión y el trabajo en equipo a distancia.

Figura 1.18. Accesibilidad *online*.

- **Actualización de los materiales y recursos didácticos de una forma constante.** Esto tiene lugar incluso durante la acción formativa, adecuándolos a la demanda y necesidades específicas de cada alumno o alumna y manteniendo una información actualizada y de calidad. Esta capacidad de adaptación permite a los/as formadores/as, modificar y mejorar continuamente los contenidos, incorporando las últimas investigaciones, tendencias y prácticas educativas. Además, al ajustar los materiales en tiempo real, se puede responder rápidamente a las dificultades que enfrentan los/as estudiantes durante su formación, proporcionando recursos adicionales o diferentes enfoques que faciliten su comprensión. Esta ventaja no solo mejora la calidad del aprendizaje, sino que también garantiza que los/as estudiantes reciban una educación relevante y acorde con los desarrollos más recientes en su campo de estudio.

- **Carácter económico.** Al evitar gastos de desplazamiento tanto para el/la formador/a como para el alumnado, se eliminan también los costos asociados al mantenimiento de aulas físicas y se reducen los gastos de material impreso. Esta eficiencia económica no solo beneficia a las instituciones educativas, que pueden destinar recursos financieros a otras áreas prioritarias, sino que también contribuye a hacer la formación más accesible para un mayor número de personas. La eliminación de barreras geográficas y la flexibilidad de horarios permiten a los/as estudiantes acceder a la formación deseada desde cualquier ubicación, ahorrando tiempo y dinero que de otro modo se invertiría en desplazamientos y logística. Además, la digitalización de los materiales educativos y la gestión eficiente de recursos en plataformas virtuales promueven prácticas sostenibles y ecológicas, reduciendo el impacto ambiental asociado con el uso excesivo de papel y recursos físicos.

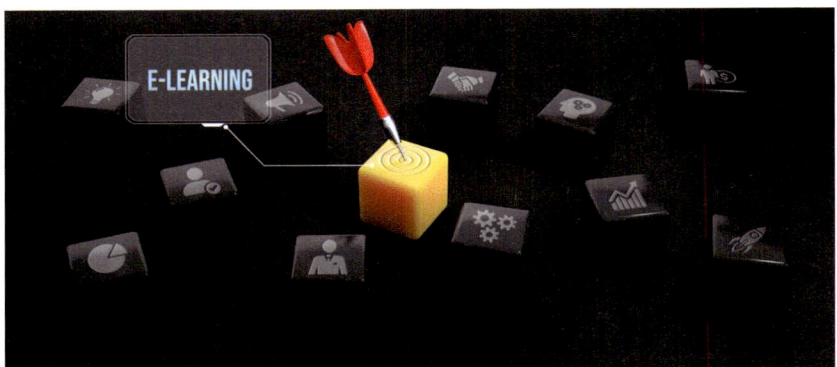

Figura 1.19. Sin barreras físicas.

A MODO DE CONCLUSIÓN...

- La formación *online* o *e-learning* ya no es simplemente una modalidad aislada en la que solo participan algunas personas, sino que se ha convertido en una de las opciones más solicitadas por las personas adultas en el ámbito de la Formación Profesional para el Empleo. Esta modalidad educativa ha ganado popularidad debido a su flexibilidad y accesibilidad, permitiendo a las personas adultas continuar con su desarrollo profesional sin tener que comprometer sus responsabilidades personales y laborales. La creciente demanda de este tipo de formación refleja el reconocimiento de las ventajas del *elearning*, como la posibilidad de aprender desde cualquier lugar y en cualquier momento, adaptando el ritmo de estudio a las necesidades individuales. La integración de tecnologías avanzadas en la formación profesional mejora la calidad de los programas formativos, ofreciendo contenidos actualizados y relevantes que están alineados con las demandas del mercado laboral actual.

- El acceso generalizado a las NTIC por parte de la gran mayoría de las personas ha integrado este tipo de formación en el día a día común de muchas de ellas, potenciando el aprendizaje autónomo y brindando la libertad de elección sobre qué y cómo aprender. Esta disponibilidad tecnológica ha democratizado el acceso a la formación, permitiendo a personas de diversos contextos y ubicaciones geográficas participar activamente en programas formativos según sus intereses y necesidades específicas. La flexibilidad del aprendizaje *online* facilita que cada persona pueda gestionar su propio horario y ritmo de estudio, adaptando la formación a sus circunstancias personales y profesionales. Además, las NTIC ofrecen una amplia variedad de recursos educativos interactivos y multimedia, enriqueciendo la experiencia de aprendizaje y promoviendo un desarrollo continuo y personalizado en diferentes áreas de conocimiento.

■ La posibilidad de acceder a esta modalidad de formación en cualquier momento y lugar la convierte en una opción altamente atractiva para el alumnado adulto en sus procesos de enseñanzaaprendizaje, especialmente en el ámbito de la **educación no formal**. Esta flexibilidad permite a las personas adultas, combinar sus responsabilidades laborales y personales con el aprendizaje continuo, adaptando sus estudios a su propio horario y ritmo de vida. La accesibilidad de la formación *online* elimina las barreras geográficas y temporales, facilitando que cualquier persona interesada pueda participar en programas educativos sin importar su ubicación geográfica. Además, el uso de tecnologías digitales en la educación no formal enriquece la experiencia de aprendizaje con recursos interactivos, colaborativos y actualizados, promoviendo un desarrollo profesional y personal constante.

■ Las ventajas que ofrece la formación *online* o *e-learning* en comparación con la formación presencial, especialmente en términos de ahorro en gastos de desplazamientos y tiempo para las personas adultas, son uno de los principales atractivos que impulsan la elección de esta modalidad. Al eliminar la necesidad de viajar a un lugar físico específico para asistir a clases, dentro de unos horarios marcados, hace que los/as estudiantes pueden optimizar su tiempo y recursos económicos, dedicando más energía al estudio y menos a los traslados y gastos económicos. Esta flexibilidad también permite adaptar el aprendizaje a los horarios personales y laborales de cada persona, facilitando así la conciliación de la vida académica con otras responsabilidades diarias. Además, la formación *online* aprovecha al máximo las tecnologías digitales para ofrecer contenido educativo interactivo y actualizado, mejorando la experiencia de aprendizaje con herramientas multimedia y colaborativas que fomentan un desarrollo continuo y personalizado.

Figura 1.20. Acceso a la formación.

ACTIVIDADES FINALES

A continuación, encontrarás algunas preguntas sobre la unidad que acabamos de trabajar, para que puedas comprobar el grado de conocimientos que has adquirido.

1.1. ¿Qué es la formación en línea?

1.2. ¿Menciona dos ventajas principales de la formación en línea.

1.3. ¿Qué tecnologías suelen utilizarse para la formación en línea?

1.4. Explica brevemente qué significa el término aprendizaje autodirigido en el contexto del aprendizaje en línea.

1.5. ¿Cuál es la diferencia entre sincronía y asincronía en la formación en línea?

1.6. Describe dos desafíos comunes que enfrentan tanto estudiantes como instructores en la formación en línea.

1.7. ¿Qué aspectos deben considerarse al diseñar contenido para la formación en línea?

1.8. ¿Por qué es importante la interacción y la colaboración en la formación en línea?

1.9. Menciona dos estrategias para evaluar el aprendizaje en un entorno de formación en línea.

1.10. ¿Cómo puede la formación en línea ser adaptativa y personalizada para los/as estudiantes?

Funciones, habilidades y competencias del tutor-formador

Este tema aborda las funciones, habilidades y competencias necesarias para un tutor-formador en la educación, enfocándose en las habilidades docentes aplicadas a la formación para el empleo.

2.1. Las habilidades docentes en la formación para el empleo

Cuando nos referimos a las **habilidades docentes**, no nos referimos a un conjunto estático de habilidades y capacidades, sino que abarca un amplio y dinámico espectro de recursos y técnicas personales esenciales que posibilitan el desarrollo efectivo de la impartición o tutorización de cualquier acción formativa.

Estas habilidades no solo son necesarias para transmitir conocimientos de manera efectiva, sino también para fomentar un ambiente de aprendizaje enriquecedor y participativo. Entre las habilidades docentes, se encuentran la capacidad de adaptación a diversos estilos de aprendizaje, la habilidad para motivar y estimular el interés del alumnado, así como la destreza para gestionar dinámicas grupales y resolver posibles conflictos que puedan surgir en el proceso educativo.

Es crucial destacar que estas habilidades no son estáticas, sino que están en constante evolución y adaptación a las nuevas metodologías y tecnologías educativas que emergen en el entorno actual, pero, sobre todo, se adaptan y cambian en función del alumnado con el que estemos trabajando.

Además, la competencia digital se ha convertido en un componente fundamental, dado el creciente uso de herramientas tecnológicas en el ámbito educativo. Los formadores/as deben estar preparados/as para integrar de manera efectiva recursos digitales en la enseñanza, asegurando así una experiencia de aprendizaje innovadora y relevante para los/as estudiantes de hoy en día.

Figura 2.1. Actualización docente.

Asimismo, las habilidades comunicativas juegan un papel crucial en el desempeño docente, facilitando la transmisión clara y efectiva de contenidos académicos y promoviendo la participación activa del alumnado. La capacidad para escuchar activamente y adaptar el enfoque pedagógico según las necesidades individuales de los/as estudiantes es fundamental para garantizar un aprendizaje significativo y personalizado. Pero en el caso de la formación *elearning*, además debemos controlar y conocer adecuadamente la comunicación escrita. En la mayoría de las formaciones *online*, no vamos a coincidir físicamente con nuestros grupos en un aula, o lo haremos en momentos puntuales, por lo que, en este caso, también deberemos practicar y entrenar la comunicación escrita para poder dar mensajes y *feedbacks* adecuados a nuestros grupos.

No se puede reducir el ejercicio del trabajo como formador/a a un conjunto estático de habilidades universales, ya que las variables que influyen en el desarrollo profesional son múltiples y están en constante evolución. De hecho, existirá siempre una elevada cantidad de variables no controladas por nosotros/as, a las que deberemos enfrentarnos de la mejor forma posible.

Sin embargo, sí podemos identificar y destacar aquellas habilidades que son esenciales para impartir una acción formativa con altos estándares de calidad y profesionalidad, que serán las que estén relacionadas directamente con nuestra familia profesional.

Cuando nos referimos a las habilidades docentes en el contexto de la formación presencial, es fundamental destacar que estas se sustentan en un proceso comunicativo continuo entre el alumnado y el/la formador/a.

En esta modalidad formativa, la interacción se caracteriza por ser directa y constante, promoviendo un ambiente de aprendizaje colaborativo y participativo donde las ideas fluyen y se intercambian de manera constante entre todas las personas participantes involucradas.

La habilidad para fomentar un diálogo abierto y constructivo es crucial para facilitar la comprensión de los contenidos y promover un ambiente de confianza y respeto mutuo en el aula. Esto implica no solo transmitir conocimientos de manera efectiva, sino también escuchar activamente las preguntas, opiniones y preocupaciones de los/as estudiantes, respondiendo de manera clara y precisa para asegurar que se cubran todas las necesidades de aprendizaje.

Además, la capacidad de gestionar dinámicas grupales y adaptar la enseñanza según las necesidades individuales de los/as estudiantes, sin dejar a un lado las necesidades del grupo al completo como tal, también juega un papel crucial en el éxito de la formación presencial.

Esto incluye utilizar métodos pedagógicos variados y adecuados, así como técnicas de evaluación formativa que permitan monitorear el progreso académico y ajustar el enfoque educativo según sea necesario.

Figura 2.2. Habilidades docentes.

Pero si hablamos de formación** online **en la que empleemos un aula virtual y desarrollemos clases en directo y con videoconferencias diarias, se vuelve fundamental considerar un conjunto similar de habilidades a las requeridas en la modalidad presencial.

Aunque la dinámica pueda ser diferente, la necesidad de establecer una comunicación efectiva y mantener la participación activa del alumnado sigue siendo fundamental para facilitar un aprendizaje significativo y colaborativo.

Hay que tener en cuenta que, aunque no estemos en el mismo espacio físico, sí estamos en el mismo espacio virtual, lo que hace que vayamos a compartir tiempo juntos de manera síncrona. Por lo tanto, habrá habilidades docentes que utilizamos en la formación presencial, que debemos ajustar y redefinir para aplicarlas en esta modalidad.

En este contexto digital, las habilidades docentes se extienden a la capacidad de utilizar herramientas tecnológicas de manera competente y creativa, para transmitir contenidos, interactuar con los/as estudiantes y gestionar eficientemente el tiempo y los recursos disponibles.

La habilidad para adaptar el contenido educativo al entorno virtual, asegurando la claridad y accesibilidad de la información, también se vuelve esencial para mantener la atención y el compromiso del/la estudiante a lo largo de la sesión formativa.

Se hace evidente que una de las habilidades que debemos practicar y entrenar, es la del uso y manejo de la plataforma a través de la cual vayamos a realizar las videoconferencias, conociendo todas sus aplicaciones y posibilidades. Esto facilitará que podamos hacer las clases lo más completas posibles y enriquecer el proceso de enseñanzaaprendizaje del grupo, para que no lo vean como algo excesivamente monótono al tener que estar mirando una pantalla «nada más».

Además, la gestión efectiva del aula virtual, implica crear un ambiente inclusivo donde se fomente la participación activa y la colaboración entre los/as estudiantes, a pesar de las barreras y la distancia física. Esto puede implicar el uso de actividades interactivas, debates moderados y sesiones de preguntas y respuestas en tiempo real, que promuevan el intercambio de ideas y la resolución colaborativa de problemas.

Figura 2.3. Tutorización.

¿Qué aspectos relacionados con las habilidades docentes de la formación presencial, debemos seguir teniendo en cuenta y contemplando en la modalidad de formación online a través de un aula virtual?

- **La postura del cuerpo:** son muchas las hipótesis creadas en torno a las posturas más adecuadas a la hora de impartir una sesión formativa. Así que, ¿cuál es la postura que debemos adoptar? Básicamente, tenemos que posicionarnos **de forma visible al grupo.** Esta debería ser la premisa principal.

Si estamos en un aula virtual, es esencial considerar diversos aspectos que afectan directamente a la forma en que nos presentamos ante nuestros/as estudiantes. Uno de los primeros puntos que hay que tener en cuenta es **cómo aparecemos en la pantalla** y **cómo nos ven a través de la cámara de los dispositivos**. Esto implica prestar atención al encuadre visual, asegurándonos de que lo que se muestra detrás de nosotros, el llamado «marco», sea adecuado y no distraiga del contenido educativo que estamos impartiendo.

La posición física también juega un papel crucial. En la mayoría de los casos, las sesiones se llevan a cabo mientras estamos sentados/as, lo cual permite una interacción más cómoda y controlada con la tecnología. Sin embargo, en situaciones donde decidimos estar de pie, como al utilizar una pizarra física, se vuelve aún más crítico ajustar la configuración para asegurar que todo nuestro cuerpo y lo que estamos mostrando en la pizarra sea claramente visible a través de la cámara.

Además de la disposición física, la iluminación y el fondo también son aspectos que impactan significativamente en la percepción visual. Una buena iluminación garantiza que nuestra imagen sea clara y legible, mientras que un fondo ordenado y apropiado contribuye a mantener el enfoque en el contenido educativo. Esto es especialmente importante cuando se utilizan elementos visuales como pizarras físicas, donde la cámara debe captar con precisión lo que se está presentando para que los/as estudiantes puedan seguir el contenido que estemos trabajando sin dificultades.

Figura 2.4. Tutoría *online*.

- **Los gestos de manos y brazos**: nuestros movimientos deberán ser suaves cuando proceda y bruscos o secos cuando sea necesario. Pero, sobre todo, **han de acompañar al discurso que estemos dando** en ese momento. Debemos evitar las exageraciones o movimientos que puedan resultar molestos al grupo con el que trabajamos.

En el caso del aula virtual, cuando desempeñamos nuestra labor docente desde la comodidad de una silla frente al ordenador y la cámara, es fundamental prestar atención a varios detalles que influyen en la efectividad de nuestra enseñanza. Uno de los aspectos clave es asegurarnos de que los/as estudiantes puedan ver no solo nuestro rostro, sino también nuestros brazos y manos. Esto evita que la imagen transmitida sea estática y limitada, como una simple «foto de una cara que habla».

Para lograr una comunicación más dinámica y efectiva, es recomendable ajustar el encuadre de la cámara de manera que se capte nuestro torso. Esto permite una mayor libertad para gesticular y utilizar nuestras manos para enfatizar puntos importantes o explicar conceptos complejos. La capacidad de expresión gestual no solo enriquece la comunicación verbal, sino que también facilita la comprensión y el seguimiento de los contenidos por parte de los/as estudiantes.

Una buena iluminación frontal o lateral asegura que nuestro rostro y gestos sean visibles sin sombras molestas que puedan distraer. Al mismo tiempo, como hemos dicho anteriormente, un fondo ordenado y neutro contribuye a mantener el enfoque en el contenido educativo sin distracciones visuales innecesarias.

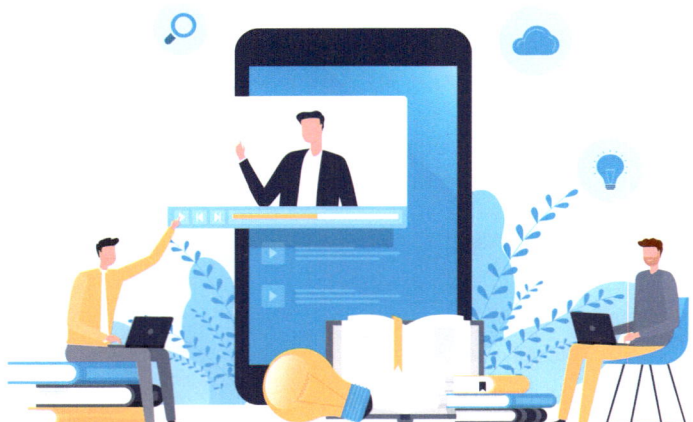

Figura 2.5. Tutor *online.*

- **El contacto visual**: en el aula presencial, tenemos claro que debemos mirar a todas las personas de nuestro grupo para favorecer el proceso de comunicación. *Pero ¿en un aula virtual?* En realidad, aunque miremos la «ventanita» donde está esa persona que nos ha hecho la pregunta o nos ha planteado una duda, esa mirada no se percibe por parte de la persona (lógicamente).

La tendencia cada vez más común es que, al estar impartiendo una explicación, planteando una actividad o respondiendo a una pregunta, nos concentremos en nuestra propia imagen en la pantalla. Es decir, nos miramos a nosotros/as mismos/as.

Sin embargo, es importante que tratemos de modificar este hábito. Es recomendable enfocar la atención en las pantallas de nuestros/as alumnos/as mientras nos están hablando. De esta manera, podemos captar toda la información que nos transmiten a través de sus gestos y movimientos durante su intervención.

Posteriormente, al dar nuestra respuesta, es fundamental mirar directamente a la cámara de nuestros dispositivos. Esto asegura que cuando los/as estudiantes nos observen en sus pantallas, perciban que estamos estableciendo contacto visual directo con ellos/as.

Además, es importante tener en cuenta algunas pautas generales al utilizar la cámara en el entorno del aula virtual. Es crucial dirigir la mirada de manera constante hacia el objetivo de la cámara y evitar distraernos observando nuestra propia imagen en la pantalla. Esta práctica puede llevarnos a preocuparnos por detalles secundarios, como tocarnos o colocarnos bien el pelo, tocarnos la cara o ajustar nuestra posición para obtener una mejor apariencia desde nuestra propia perspectiva.

> Estos comportamientos pueden distraernos tanto a nosotros/as, como a nuestros/as estudiantes, desviando la atención del contenido educativo que estamos abordando en ese momento.

Para optimizar la comunicación y mantener un ambiente de aprendizaje efectivo en el aula virtual, es recomendable practicar el enfoque en la cámara para establecer una conexión visual directa y efectiva con los/as estudiantes. Esto ayuda a mantener el enfoque en los temas de estudio y facilita una interacción más fluida y centrada en el aprendizaje.

Al trabajar y practicar estas recomendaciones, podemos mejorar significativamente la experiencia educativa en el aula virtual, fomentando una participación activa y un aprendizaje más profundo entre todos/as los participantes de la clase.

- **El aspecto físico**: es fundamental que la imagen que transmitamos sea positiva para el alumnado. Teniendo en cuenta que no podemos influir mucho sobre nuestros rasgos físicos, (cada uno/a tiene los rasgos físicos que tiene y no estamos aquí para cambiarlos). Nos centraremos en aquello que sí podemos manipular y controlar; por ejemplo, los accesorios y prendas de vestir.

La elección apropiada de la vestimenta al impartir un curso es crucial para proyectar una imagen de pulcritud y comodidad, lo cual contribuye a mantener el foco en la enseñanza sin distraerse por accesorios o prendas incómodas. Es esencial **evitar** la tentación de **utilizar filtros en el entorno del aula virtual que alteren nuestra apariencia** para parecer más atractivos/as desde nuestra perspectiva.

La autenticidad debe ser prioritaria; es fundamental presentarnos de manera genuina, sin intentar proyectar una imagen que no corresponda fielmente a nuestra identidad. Esto garantiza que los/as estudiantes perciban una imagen coherente de quienes somos realmente, fomentando así la confianza y la credibilidad en el entorno educativo. Además, mantener una imagen fiel a nosotros/as mismos/as promueve un ambiente de aprendizaje basado en la sinceridad y el respeto mutuo entre el/la formador/a y los/as estudiantes, aspectos fundamentales para el éxito educativo en cualquier modalidad formativa.

> En un aula virtual, debemos ser tan reales como podamos. Y esto afecta directamente al uso que hagamos de nuestra propia imagen.

- **El uso del espacio**: *en el aula virtual*, no hay problema con la proximidad o la lejanía. A fin de cuentas, todas las personas que participemos en la acción formativa vamos a estar separadas físicamente. Pero ¿podemos utilizar ese espacio virtual para dar una mayor o menor sensación de cercanía? **Por supuesto que sí**. El simple y mero hecho de la existencia de la cámara y que se nos vea lo suficientemente bien, que nos movamos lo suficiente en el espacio de nuestra mesa de trabajo, para que vean que te acercas y alejas en la imagen, lo que podemos utilizar también para acompañar nuestro discurso y reforzarlo desde el punto de vista no verbal.

Figura 2.6. Aula virtual.

> Algo a tener muy en cuenta es **la privacidad de los espacios personales virtuales.**

En muchas ocasiones, durante una sesión formativa en el aula virtual, vamos a tener que proceder a gestionar de forma adecuada las cámaras y los micrófonos del alumnado.

Pueden surgir situaciones incómodas si un/a estudiante olvida apagar su cámara o micrófono, revelando detalles personales que deberían mantenerse privados. Situaciones típicas que pueden suceder son desde una simple llamada telefónica que ese/a alumno/a atiende y deja su micrófono abierto (con lo cual estamos escuchando una conversación privada) hasta el hecho de ver que lleva a cabo otras acciones en cámara que no se corresponden con el trabajo que estamos desarrollando en clase. Desde la aparición de hijos/as menores en cámara hasta que la persona se cambie de ropa o se disponga a tomar o comer algo... Cualquier acción que **no** se corresponda con el marco de la formación se consideraría como una acción perteneciente a su privacidad, y, por lo tanto, el resto de participantes no debería poder verla.

Como formadores/as, tenemos la responsabilidad de monitorear activamente estas situaciones y tomar medidas para proteger la privacidad de los/as participantes. Es fundamental estar vigilantes y listos/as para intervenir rápidamente si observamos alguna indiscreción accidental. Esto implica tener la capacidad de habilitar y deshabilitar las cámaras y micrófonos del grupo según sea necesario para salvaguardar la confidencialidad y el ambiente seguro de aprendizaje. Esta precaución no solo preserva el respeto hacia la privacidad individual, sino que también promueve un entorno de aprendizaje donde todos/as los/as participantes se sientan cómodos y protegidos, facilitando así un intercambio formativo efectivo y sin contratiempos.

Figura 2.7. Herramientas digitales.

2.2. Funciones, habilidades y competencias del formador/a tutor/a

La tutoría en la formación a distancia, formación elearning *o formación* online es casi más importante que el propio trabajo que el alumnado debe desarrollar en el mismo proceso de formación.

Empecemos por definir los **tipos de tutorías** que podemos desempeñar en la FPE. Encontramos **dos modalidades básicas:**

1. La tutoría académica

2. La tutoría de orientación

¿CUÁLES SERÍAN LAS DIFERENCIAS PRINCIPALES ENTRE AMBOS TIPOS?

- **Tutoría académica**. La tutoría académica juega un papel crucial en el proceso educativo al ofrecer soporte personalizado a los/as estudiantes, frente a dificultades relacionadas con los contenidos y la metodología de estudio.

  Esta tutoría no solo actúa como una herramienta para superar obstáculos, sino que también está diseñado para enriquecer la experiencia formativa en su totalidad. El tutor/a académico/a comienza con un diagnóstico inicial, evaluando las necesidades individuales de cada estudiante y estableciendo expectativas claras sobre los métodos y estrategias que utilizará durante el curso.

  Es esencial que el/la tutor/a tenga conocimiento sobre el estilo de aprendizaje de cada alumno/a, adaptando sus metodologías educativas para maximizar la efectividad del aprendizaje. Además de proporcionar orientación personalizada, la tutoría académica, también cumple un rol de evaluación continua, revisando y corrigiendo los trabajos que los/as estudiantes completan y entregan a través de la plataforma de formación.

  En este sentido, la tutoría académica no solo se limita a resolver problemas académicos específicos, sino que también promueve un entorno de aprendizaje dinámico y colaborativo. Facilitando una comunicación abierta y constructiva, el/la tutor/a fomenta la autonomía del alumnado, al tiempo que fortalece su comprensión y dominio de los contenidos del curso. Así, la tutoría académica se erige como un pilar fundamental para optimizar la calidad educativa y asegurar el éxito académico de cada alumno/a en su trayectoria formativa.

- **Tutoría de orientación**. La tutoría de orientación supone el desempeño de un rol esencial y personalizado en el desarrollo educativo de cada estudiante, priorizando su progreso individual dentro del proceso de aprendizaje.

  Este tipo de tutoría va más allá de la simple instrucción académica; implica guiar al alumno/a desde una perspectiva profesional para mejorar sus habilidades de estudio, optimizar la gestión del tiempo, comprender a fondo el proceso de aprendizaje y clarificar los objetivos y metas que debe alcanzar. **Es un acompañamiento continuo y proactivo**, donde el/la tutor/a se mantiene alerta y disponible para apoyar al/la estudiante a medida que avanza en su proceso educativo.

> En el contexto actual de la formación en línea, el papel del/la tutor/a adquiere una importancia aún mayor como punto de contacto y recurso para el/la estudiante.

Más que simplemente resolver dudas, el/la tutor/a en línea se convierte en un aliado estratégico, proporcionando las herramientas y estrategias necesarias para abordar los desafíos que surgen durante el aprendizaje.

Esta modalidad requiere una comunicación efectiva y una disponibilidad constante del/la tutor/a para garantizar que el alumnado se sienta respaldado y motivado en su proceso educativo. Además de ofrecer soporte académico, *la tutoría de orientación en línea fomenta el desarrollo de habilidades personales y profesionales clave, como la autonomía, la autorregulación y la resolución de problemas*.

Figura 2.8. Tutoría de orientación.

El/la tutor/a no solo actúa como facilitador del conocimiento, sino también como mentor que guía al/la estudiante hacia el éxito educativo y profesional. En resumen, la tutoría de orientación en línea se configura como un componente esencial para maximizar el potencial de cada alumno/a y asegurar su crecimiento integral a lo largo de su trayectoria formativa.

Ya que en esta modalidad de formación la tutoría asume un papel fundamental debido a la ausencia de interacción física directa, que normalmente se experimenta en el entorno del aula tradicional, tenemos que buscar la manera de no solo suplir esa carencia, sino que también debemos encontrar la manera de adaptarse y desarrollar ciertas características esenciales para asegurar un acompañamiento efectivo y satisfactorio del/la estudiante a lo largo de su proceso formativo.

Figura 2.9. Orientación.

Una de las principales características que debe tener la tutoría en la formación a distancia es la disponibilidad constante y la respuesta oportuna a las necesidades del alumnado. Esto implica estar accesible para resolver dudas (siempre dentro de nuestro horario de trabajo, por supuesto), proporcionar retroalimentación detallada sobre el progreso de cada alumno/a y ofrecer orientación personalizada cuando sea necesario.

Además, el/la tutor/a debe ser proactivo/a a la hora de establecer una comunicación regular con el grupo, para asegurarse de que están comprendiendo los contenidos y cumpliendo con las actividades asignadas para la superación del curso.

Otro aspecto crucial es la capacidad del/la tutor/a para adaptar sus estrategias pedagógicas al contexto virtual. Esto incluye utilizar herramientas tecnológicas adecuadas para la interacción y el seguimiento del aprendizaje, así como diseñar actividades que fomenten la participación activa y el aprendizaje autónomo.

La tutoría en línea también debe promover un ambiente de confianza y apoyo mutuo, donde los/as estudiantes se sientan cómodos expresando sus inquietudes y buscando ayuda cuando lo necesiten. Y esta ayuda tiene que darse principalmente por parte del tutor/a, pero también puede ser recibida por parte de otros/as compañeros/as que participen en los foros de discusión, o de dudas, o de aportaciones al curso.

Además, el/la tutor/a en la formación a distancia debe poseer habilidades sólidas en comunicación digital, siendo capaz de transmitir de manera clara y efectiva los conceptos y procedimientos educativos a través de plataformas virtuales. Esto implica no solo dominar el contenido académico, sino también saber y conocer el uso de herramientas multimedia y técnicas de enseñanza interactivas que estimulen el aprendizaje activo y motivador de sus grupos.

A continuación, podemos ver en esta breve tabla algunas de las actitudes y comportamientos que deberíamos tener en cuenta en el desarrollo de nuestras funciones como tutores/as *online*:

Actitudes deseables que debe mostrar el/la tutor/a en modalidad *online*		
Respeto	**Ética**	Compromiso
Tolerancia	Disponibilidad	Cercanía
«Ser real»	*«Ser ejemplo»*	*«Ser paciente»*
Experto/a	Claridad expositiva	Comunicativo/a

A fin de cuentas, lo que se hace a través de la enseñanza a distancia, es un ejercicio de confianza por parte de ambos protagonistas (formador/a y alumno/a), puesto que ambas personas, deben creer en la otra y en el desempeño correcto de sus propias responsabilidades.

■ **Funciones del/la tutor/a en la formación a distancia**

El papel del/la tutor/a en la modalidad de formación a distancia (*online*) implica no solo facilitar la colaboración entre los/as estudiantes, sino también establecer las directrices y normativas que guiarán el desarrollo del proceso formativo.

Además, es crucial que el/la tutor/a oriente al alumnado sobre las herramientas de comunicación más efectivas para fomentar la creación y el intercambio de conocimientos a lo largo del curso. Esto implica que ha de ser la primera persona que participe de forma activa utilizando esas herramientas de comunicación.

En este sentido, el/la tutor/a no solo actúa como un facilitador de aprendizaje, sino también como un/a organizador/a y guía que promueve un ambiente colaborativo y constructivo entre los/as estudiantes. Esto implica establecer expectativas claras sobre cómo interactuar y participar en las actividades formativas, así como enseñar el uso adecuado de las herramientas tecnológicas disponibles para mejorar la comunicación y el intercambio de ideas.

El/la tutor/a debe estar disponible para proporcionar orientación personalizada y apoyo académico cuando sea necesario. Esto incluye no solo resolver dudas sobre el contenido del curso, sino también motivar a los/as estudiantes a explorar nuevas perspectivas y aplicaciones prácticas del conocimiento adquirido.

El/la tutor/a de teleformación, tiene **cinco funciones** que cumplir en este caso:

— Función académica.

— Función social.

— Función organizativa.

— Función orientadora.

— Función técnica.

Figura 2.10. Tutoría sin barreras físicas.

Veamos en qué consiste cada una de estas funciones:

1. **Función académica:** es su función **principal**. Además, dentro de esta función, debe desarrollar otros aspectos como:

   — Debe dar información, aclarar y explicar los contenidos presentados.

   — Supervisar el progreso de los/as alumnos/as y revisar las actividades realizadas.

   — Responder a los trabajos de los/as alumnos/as.

   — Asegurarse de que cada alumno/a está alcanzando el nivel adecuado de aprendizaje.

   — Formular preguntas para detectar las posibles inconsistencias y errores que los/as alumnos/as vayan teniendo.

   — Diseñar actividades para facilitar la comprensión de la información que reciben los/as alumnos/as.

   — Resolver las dudas que vayan surgiendo tras la lectura de los materiales didácticos o a la hora de realizar las actividades.

   — Realizar evaluaciones globales e individuales de las actividades llevadas a cabo por los/as alumnos/as.

   — Informar de los resultados y las valoraciones alcanzadas por cada alumno/a.

Figura 2.11. Función académica.

2. **Función social:** se hace necesario que sea el/la tutor/a quien dé la bienvenida a los/as alumnos/as que participen en esa acción formativa. Además, también debe:

   — Facilitar la creación de grupos de trabajo.

   — Fomentar la ampliación y desarrollo de los argumentos presentados por sus propios compañeros/as.

   — Integrar y conducir las intervenciones del alumnado.

— Animar y estimular la participación.

— Proponer actividades para facilitar el conocimiento entre los/as alumnos/as.

— Dinamizar la acción formativa.

— Facilitar la creación de un entorno social positivo de trabajo.

Figura 2.12. Función social.

3. **Función organizativa:** será el/la tutor/a quien establezca el calendario del curso en general. Y, además:

— Establecerá fechas y horarios para los chats y los foros.

— Explicará las normas de funcionamiento dentro del entorno, así como los criterios de evaluación.

— Presentará las normas de funcionamiento para establecer contactos con el/la tutor/a.

— Mantendrá contacto con el resto del equipo docente y organizativo, para poder resolver rápidamente los problemas en cuanto a contenidos, de funcionamiento del sistema o de administración.

— Organizar el trabajo en grupo y facilitar la coordinación entre los/as alumnos/as.

Figura 2.13. Función organizativa.

4. **Función orientadora:** la tutoría incluye dar recomendaciones públicas o privadas acerca de informaciones posteriores al curso demandadas por los/as alumnos/as. Además, también tendrá que:

   — Facilitar técnicas de trabajo intelectual para el estudio en red.

   — Asegurarse de que los/as alumnos/as trabajan a un ritmo adecuado.

   — Motivar a los/as alumnos/as para el trabajo en línea.

   — Informar a los/as alumnos/as sobre su progreso en el estudio y facilitarles estrategias de mejora y cambio.

   — Facilitar acciones de compromiso cuando existan diferencias de desarrollo entre los miembros de la acción formativa.

   — Ser guía y orientador/a del alumno/a.

   — Aconsejar a los/as alumnos/as para el desarrollo de las actividades y seguimiento de los cursos.

Figura 2.14. Función orientadora.

5. **Función técnica:** el/la tutor/a **no** tiene por qué ser un/a experto/a en el manejo informático, pero sí debe tener los conocimientos necesarios para poder desenvolverse con rapidez en un entorno técnico. Para ello, deberá:

   — Asegurarse de que los/as alumnos/as comprenden el funcionamiento técnico de la plataforma educativa.

   — Dar consejos y apoyos técnicos.

   — Realizar actividades formativas específicas.

   — Gestionar los grupos de aprendizaje que forme para el trabajo en la red.

   — Incorporar y modificar nuevos materiales al entorno formativo.

   — Remitir a los/as alumnos/as a algunas partes del programa donde se puedan realizar, bajar o subir actividades, tareas, foros, entre otras cosas.

   — Mantenerse en contacto con el administrador de la plataforma.

   — Conocer la plataforma y sus herramientas de trabajo.

Figura 2.15. Función técnica.

La tutoría virtual es un proceso fundamentalmente orientador y de apoyo que se lleva a cabo con el/la alumno/a para alcanzar una serie de objetivos esenciales en su proceso formativo. En primer lugar, busca facilitar la integración del/la estudiante en el entorno técnico y humano del programa educativo, asegurando que se familiarice adecuadamente con las plataformas y herramientas utilizadas, así como con las dinámicas de interacción con otros participantes.

La tutoría virtual se centra en resolver las dudas y dificultades que el/la alumno/a pueda tener en relación con los contenidos del curso. Esto implica ofrecer explicaciones adicionales, ejemplos clarificadores o guías paso a paso para garantizar una comprensión adecuada y profunda de los temas abordados.

Otro aspecto crucial de la tutoría virtual es facilitar la integración del alumnado en la acción formativa en sí misma. Esto va más allá de la comprensión teórica y se refiere a cómo el/la estudiante puede aplicar y relacionar los conocimientos adquiridos con situaciones reales o problemas prácticos.

El/la tutor/a desempeña un papel clave en guiar al alumnado en la aplicación práctica de lo aprendido y en la realización de actividades formativas significativas. Por tanto, en este tipo de tutoría se busca mitigar el sentimiento de aislamiento que puede experimentar el/la alumno/a al participar en entornos educativos en línea. Este aislamiento puede ser un factor determinante en el alto índice de abandono de este tipo de acciones formativas. Por lo tanto, el/la tutor/a no solo proporciona apoyo académico, sino que

Figura 2.16. Tutoría *e-learning*.

también se convierte en un punto de contacto humano importante para el estudiante, ofreciendo motivación, *feedback* constructivo y un sentido de comunidad y pertenencia dentro del grupo formativo.

Veamos algunos ejemplos reales de las funciones que nos pueden solicitar desde un centro de formación en distintos tipos de formación y tutoría online:

En el caso de solicitarnos ser **tutor/a de contenidos,** pueden pedirnos que cumplamos las siguientes funciones:

- **Preparar el temario y los contenidos de los cursos.** Preparar el temario y los contenidos de los cursos es una tarea fundamental que requiere dedicación y planificación meticulosa por parte del/la formador/a. Esta labor implica no solo revisar el temario proporcionado por la institución educativa, sino también adaptarlo y complementarlo según las necesidades específicas del grupo de estudiantes y los objetivos del curso. Y, por supuesto, también revisarlo en busca de posibles erratas, datos obsoletos o enlaces que no funcionen por algún motivo.

  Acceder a la plataforma educativa con anticipación, al menos unos días antes del inicio del curso, es crucial para familiarizarse con la estructura del curso, los recursos disponibles y las herramientas de interacción que se utilizarán. Esto permite al/la formador/a revisar con detalle los contenidos del curso, las actividades propuestas y cualquier material complementario necesario para impartir las lecciones de manera efectiva.

  Además, esta preparación anticipada proporciona al tutor/a la oportunidad de identificar posibles áreas de mejora o ajuste en el contenido del curso. Puede revisar la secuencia de temas, la claridad de las instrucciones para las actividades y la coherencia general del temario para asegurarse de que cumple con los estándares académicos y pedagógicos requeridos.

  Otro aspecto importante de esta preparación es la corrección y ajuste del material didáctico si es necesario. Esto puede implicar la actualización de información relevante, la incorporación de ejemplos o casos prácticos adicionales, o la clarificación de conceptos complejos para facilitar su comprensión por parte de los/as estudiantes.

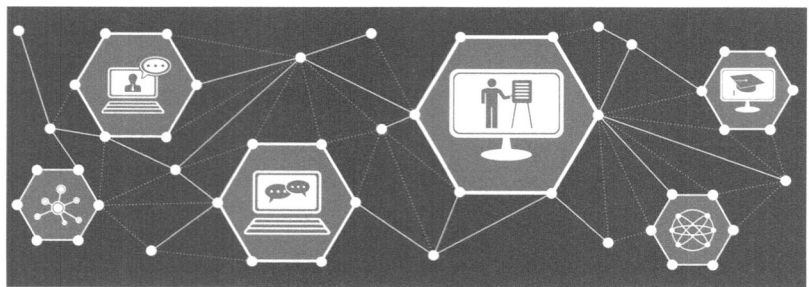

Figura 2.17. Tutoría de contenidos.

- **Dar la bienvenida a los/as alumnos/as al curso y presentación del/la tutor/a.** Dar la bienvenida a los/as alumnos/as al inicio del curso y presentarse como tutor/a es un momento crucial para establecer una conexión inicial y crear un ambiente acogedor y motivador para el aprendizaje.

  Esta acción puede llevarse a cabo de diversas formas, todas ellas orientadas a transmitir un mensaje claro de compromiso y apoyo desde el inicio del proceso educativo.

  Una opción efectiva es publicar un mensaje de bienvenida en el tablón de anuncios o foro de la plataforma virtual utilizada para el curso. Este mensaje debe ser informativo, pero también cálido y alentador, destacando la importancia del curso, los objetivos que se persiguen y la disposición del tutor/a para guiar y apoyar a los/as estudiantes en su trayecto académico. Además, proporcionar información sobre la estructura del curso, las expectativas y las fechas clave ayuda a que los/as alumnos/as se sientan orientados desde el principio.

  Otra estrategia es enviar un correo electrónico personalizado a cada alumno/a. Este correo puede incluir no solo la bienvenida formal al curso, sino también una breve presentación del tutor/a, resaltando su experiencia académica y profesional relevante y relacionada con el curso, así como su disponibilidad para cualquier consulta o apoyo adicional que puedan necesitar los/as estudiantes. Es fundamental que este mensaje transmita cercanía y disposición para establecer una relación de confianza desde el principio.

  Además de la bienvenida inicial, el/la tutor/a puede aprovechar este momento para proporcionar orientación práctica sobre cómo acceder a los materiales del curso, participar en las actividades y utilizar las herramientas de la plataforma educativa. Esto ayuda a que los/as alumnos/as se familiaricen rápidamente con el entorno virtual y se sientan más seguros en su participación activa durante el curso.

Figura 2.18. Alumnado *online*.

- **Resolver las dudas** de los/as alumnos/as. Lidiar con las dudas de los/as alumnos/as y proporcionar respuestas oportunas es una responsabilidad crucial para el tutor/a en cualquier curso en línea. Este aspecto va más allá de simplemente responder preguntas. Implica establecer un canal de comunicación efectivo que fomente la confianza y la participación activa de los/as estudiantes a lo largo del proceso formativo. Además, nos dará la oportunidad de establecer un modelo de comunicación que puede ser tanto individual como grupal.

Una de las estrategias clave para abordar esta tarea es estar disponible y comprometido/a con un tiempo de respuesta determinado para que el alumnado sepa en qué periodo de tiempo puede recibir la respuesta a sus dudas. Este plazo de tiempo puede ir desde las 24 a las 72 horas (entre uno y tres días). Pero aquí es importante dejar claro tanto nuestro horario de trabajo como los periodos de tiempo en los que **no** estamos trabajando en la plataforma.

Por ejemplo, si nuestro horario de trabajo es de lunes a viernes, tres horas por la mañana, el alumnado deberá entender que cualquier comunicación dirigida a nosotros/as fuera de dicho horario será recibida y respondida cuando volvamos a conectarnos al día siguiente. Lo mismo con el hecho de que algún/a alumno/a nos escriba o nos envíe algo durante el fin de semana o en un día festivo. Debemos dejar muy claro que no somos un bot ni vivimos en la plataforma. Tienen que entender que nuestro horario de trabajo será el que se tendrá en cuenta para esos periodos de tiempo de respuesta y de lectura de todo lo que nos envíen. Y este suele ser un punto crítico en ocasiones, cuando algunos/as alumnos/as consideran que deberíamos haber respondido «ya» a sus demandas. Por lo tanto, es casi fundamental dejar claras estas pautas desde el principio y repetirlas tantas veces sea necesario para que todo el mundo lo entienda y lo practique.

Esto no solo asegura que los/as alumnos/as reciban las respuestas que necesitan de manera oportuna, sino que también fortalece la relación tutor/alumno y demuestra un compromiso activo con su aprendizaje y progreso.

Figura 2.19. Atender dudas del alumnado.

Debemos tener en cuenta que el/la tutor/a ha de ofrecer claridad y precisión en las explicaciones, asegurándose de abordar completamente las dudas planteadas y proporcionando orientación adicional si es necesario. Esto puede incluir la elaboración de ejemplos adicionales, referencias a materiales complementarios o la guía sobre cómo abordar conceptos difíciles desde diferentes ángulos.

Otro aspecto importante es la gestión efectiva de las dudas tanto en el contexto grupal como individual. En un entorno virtual, donde la interacción puede ser asincrónica y a través de múltiples canales (como foros de discusión, correos electrónicos o mensajes directos en la plataforma), el tutor/a debe estar preparado para manejar tanto consultas individuales como preguntas que puedan ser de interés general para todo el grupo. Para optimizar este proceso, una vez más, es recomendable establecer normas claras de comunicación desde el inicio del curso, donde se explique **cómo y cuándo los/as alumnos/as pueden plantear sus dudas y qué pueden esperar en términos de tiempos de respuesta y disponibilidad del tutor/a.** Esto ayuda a mantener una comunicación fluida y eficiente, minimizando posibles malentendidos y asegurando una experiencia de aprendizaje satisfactoria para todos/as los/as involucrados/as.

- **Corrección de las actividades y su correspondiente *feedback*.** El rol del tutor/a de contenidos implica una responsabilidad fundamental en la evaluación de las actividades realizadas por los/as alumnos/as en el curso en línea. Esta función no se limita únicamente a asignar una puntuación numérica, sino que también abarca proporcionar un *feedback* detallado y constructivo que guíe el progreso académico de cada estudiante de manera efectiva y motivadora.

Al evaluar las actividades, el tutor/a debe asegurarse de ofrecer una retroalimentación completa y personalizada. Esto incluye señalar áreas de mejora específicas, así como destacar los aspectos positivos del trabajo realizado. Los comentarios de corrección deben ser claros y orientados hacia la comprensión y el aprendizaje continuo, proporcionando sugerencias concretas para fortalecer las habilidades y el entendimiento conceptual de los/as alumnos/as.

Figura 2.20. Dar *feedback*.

Además de la evaluación cuantitativa, es esencial que el *feedback* también incluya elementos cualitativos que refuercen el esfuerzo y la dedicación mostrados por los/as estudiantes. Reconocer los logros individuales y motivar la superación de desafíos contribuye significativamente a mantener alta la motivación y el compromiso con el proceso educativo.

Para optimizar este proceso, el tutor/a puede utilizar herramientas y recursos disponibles en la plataforma educativa que faciliten la evaluación y la comunicación eficaz de los resultados. Esto puede incluir el uso de rúbricas detalladas, modelos de respuestas ejemplares y ejemplos claros de expectativas de rendimiento; todo diseñado para guiar a los/as estudiantes hacia el cumplimiento de los objetivos del curso.

Es importante que el/la tutor/a esté disponible para discutir los resultados de la evaluación con los/as alumnos/as, ya sea de manera individual o en sesiones grupales. Esto permite aclarar dudas, proporcionar orientación adicional y fomentar un diálogo abierto que promueva el aprendizaje activo y la mejora continua.

- **Competencias tecnológicas**. Lo primero que se necesita para desarrollar competencias tecnológicas es entender cómo funcionan las herramientas interactivas y cuál es la mejor forma de gestionarlas. Esto implica no solo conocer cómo enviar un correo electrónico o utilizar un chat, sino también entender cómo organizar la participación del alumnado de manera efectiva. Esto se puede lograr estableciendo canales claros de comunicación, asegurándose de que todos los/as estudiantes estén al tanto de cómo y cuándo utilizar cada herramienta. Además, es fundamental saber adaptar el uso de estas tecnologías según las necesidades específicas del curso y del grupo de estudiantes.

Figura 2.21. Sistema de gestión aprendiz.

El correo electrónico, por ejemplo, es una herramienta excelente para comunicaciones formales y detalladas, donde se pueden proporcionar instrucciones precisas y retroalimentación extensa sobre el progreso del alumno. Los foros y chats, por otro lado, son ideales para discusiones rápidas y debates en tiempo diferido o real, fomentando la interacción entre los/as participantes y facilitando el intercambio de ideas.

La habilidad para manejar estas plataformas de manera efectiva no solo implica conocimientos técnicos, sino también habilidades para gestionar el tiempo y la comunicación de manera eficiente. Es importante recordar que las competencias tecnológicas no se limitan a la operación básica de herramientas, sino que también incluyen la capacidad de adaptarse a nuevos entornos y tecnologías emergentes. Esto supone estar abiertos/as al aprendizaje continuo y a la actualización constante de nuestras propias habilidades y conocimientos tecnológicos, para mantenernos al día con los avances tecnológicos.

- **Mantener actualizados todos los recursos del curso**. Para mantener actualizados todos los recursos del curso de manera efectiva, es fundamental establecer un sistema organizado y accesible que permita gestionar la información de manera eficiente. Esto incluye no solo asegurarse de que todos los materiales y recursos estén actualizados y disponibles, sino también mantener informado tanto al grupo de alumnos/as, como a nuestros/as compañeros/as de trabajo en plataforma, sobre cualquier cambio o actualización relevante.

Una estrategia clave es utilizar un sistema de gestión de aprendizaje (LMS) o una plataforma educativa que facilite la organización y actualización de los contenidos. Esto permite centralizar todos los recursos del curso, desde el temario y los materiales adicionales hasta las actividades y el calendario. Además, mantener una comunicación fluida con los/as participantes a través de anuncios, correos electrónicos o mensajes dentro de la plataforma ayuda a asegurar que todos/as estén al tanto de cualquier modificación o nueva información.

Hay que recopilar información actualizada sobre los/as participantes, como perfiles actualizados, preferencias de aprendizaje y cualquier necesidad específica que puedan tener. Esto permite adaptar mejor el curso a las necesidades individuales de los/as estudiantes y garantizar una experiencia educativa personalizada y efectiva.

- **Motivar al alumnado**. La participación de los/las estudiantes de manera activa en el programa de formación en línea es fundamental para asegurar un aprendizaje efectivo y comprometido. Esto implica implementar estrategias que estimulen la participación activa y la implicación continua de los/as participantes a lo largo del curso.

Una de las formas más efectivas de motivación en esta modalidad es crear un entorno de aprendizaje estimulante y colaborativo. Esto se logra ofreciendo actividades interactivas y relevantes que desafíen a los/as estudiantes, fomentando el intercambio de ideas, la comunicación y el trabajo en equipo. Además, es crucial establecer metas claras y alcanzables para los/las alumnos/as, destacando la importancia de su participación activa en la consecución de los objetivos del curso.

La retroalimentación constante y constructiva también desempeña un papel crucial en la motivación del alumnado. Proporcionar comentarios específicos y personalizados sobre el desempeño de los/las estudiantes no solo reconoce sus logros, sino que también les ayuda a identificar áreas de mejora y a mantener un sentido de progreso y logro personal. El hecho de ver que se les atiende de manera personalizada hace que la persona sienta realmente que se le está leyendo y se le está prestando atención en lo que hace.

Aprovechar las tecnologías de manera creativa puede aumentar el interés y la participación de los/as estudiantes. Esto incluye el uso de herramientas multimedia, debates en línea y actividades interactivas que no solo refuercen el contenido del curso, sino que también mantengan el interés y la motivación a lo largo de toda la formación.

Es fundamental también cultivar un sentido de grupo, de pertenencia, dentro del entorno virtual. Facilitar la interacción entre los/las estudiantes mediante foros de discusión, grupos de estudio y sesiones de tutoría en línea fomenta el apoyo mutuo y la colaboración, creando un ambiente de aprendizaje en el que los/as alumnos/as se sientan parte de un grupo, así como valorados y motivados para contribuir activamente en ello.

Figura 2.22. Alumnos a través de la red.

- **Capacidad organizativa y moderadora.** La capacidad organizativa y moderadora es esencial para gestionar de manera efectiva los contenidos de los foros y los chats en un entorno de formación en línea. Esto implica una serie de responsabilidades que van desde la planificación y programación de las actividades hasta la evaluación y retroalimentación de los/as estudiantes.

En primer lugar, es importante programar los contenidos de los foros y chats de manera estructurada y coherente con los objetivos del curso. Esto incluye definir temas de discusión relevantes, establecer fechas límite claras para la participación y proporcionar orientaciones precisas sobre las expectativas de los/as estudiantes.

El/la tutor/a debe facilitar prácticas tanto individuales como grupales que promuevan el aprendizaje activo y colaborativo. Esto puede implicar la creación de actividades prácticas que desafíen a los/as estudiantes a aplicar los conceptos aprendidos, ya sea de manera independiente o en equipos.

La tarea de corregir y comentar las prácticas realizadas por los/as estudiantes es fundamental para ofrecer una retroalimentación constructiva y apoyar su desarrollo académico. Esto no solo implica evaluar el trabajo realizado según criterios predefinidos, sino también proporcionar comentarios detallados que guíen a los/as estudiantes hacia una mejora continua.

La capacidad organizativa y moderadora implica mantener un ambiente de aprendizaje inclusivo y respetuoso. Esto comporta gestionar las interacciones entre los/as estudiantes de manera que fomenten el intercambio de ideas y el respeto mutuo al tiempo que se mantienen los estándares académicos y las normas de conducta.

> Se deberá plantear algún tema de interés en el foro temático del curso para que los/as alumnos/as realicen sus aportaciones, así como utilizar el foro de dudas para aclaraciones comunes sobre dudas generalizadas del curso y que, de esta forma, todo el mundo pueda verlas y sirvan globalmente.

- **Convocar al menos una sesión de chat en el curso**. Esta es una estrategia fundamental para fomentar la participación activa y la interacción entre los/as estudiantes en el entorno de formación en línea. Esta actividad no solo busca resolver dudas específicas o abordar temas concretos, sino que también tiene como objetivo promover una comunicación directa entre los miembros del grupo y provocar un aprendizaje colaborativo y enriquecedor.

En primer lugar, se debe planificar cuidadosamente la sesión de chat, eligiendo un tema relevante que pueda generar interés y motivación para la participación de los/as estudiantes. Es crucial establecer claramente los objetivos de la sesión y comunicarlos con anticipación a los/as participantes, asegurándose de que comprendan qué se espera de ellos y cómo pueden prepararse para la discusión.

Durante la sesión de chat, se debe facilitar de manera activa la participación de todas las personas miembros del grupo, animándolas a compartir sus ideas, opiniones y preguntas. Esto puede implicar formular preguntas provocativas, plantear casos de estudio o facilitar debates estructurados que fomenten un intercambio de perspectivas enriquecedor.

El/la tutor/a también debe estar preparado/a para resolver dudas técnicas o de contenido que surjan durante la conversación. Esto puede requerir un conocimiento profundo del tema tratado y la capacidad para proporcionar explicaciones claras y concisas que aclaren cualquier confusión entre los/as participantes.

Después de la sesión de chat, es crucial realizar un seguimiento adecuado. Esto implica revisar y consolidar las ideas discutidas, proporcionar un resumen de los puntos clave y ofrecer recursos adicionales si es necesario. Además, es importante recoger retroalimentación de los/as estudiantes sobre la experiencia de la sesión para identificar áreas de mejora y ajustar futuras convocatorias de chat según las necesidades y preferencias del grupo.

Figura 2.23. Conversación de chat.

- **Facilitador**. El/la tutor/a debe desempeñar un papel crucial como guía y orientador/a en el proceso formativo, asegurándose de proporcionar a los/as participantes todas las herramientas esenciales para que avancen de manera efectiva en su proceso de aprendizaje. Esto implica no solo establecer una comunicación clara y constante, sino también definir de manera precisa los objetivos del curso desde el inicio.

En primer lugar, es fundamental que el/la tutor/a del curso defina claramente los objetivos que se persiguen. Esto incluye identificar los conocimientos, habilidades y competencias que se espera que los/as participantes adquieran al finalizar el programa formativo. Estos objetivos deben ser específicos, medibles, alcanzables, relevantes y limitados en el tiempo, proporcionando así una guía clara y coherente para todo el proceso educativo.

También debe asegurarse de comunicarlos de manera efectiva a los/as participantes. Esto implica explicar detalladamente qué se espera que los/as estudiantes logren al final del curso, cómo se evaluará su progreso y cuáles serán los criterios utilizados para medir el éxito en el aprendizaje. Esta transparencia es fundamental para alinear las expectativas de todos los involucrados y fomentar un compromiso activo por parte de los/as estudiantes.

Una vez establecidos los objetivos del curso, el/la tutor/a tiene la responsabilidad de proporcionar las herramientas y recursos necesarios para que los/as participantes puedan alcanzar esos objetivos de manera efectiva. Esto puede incluir el acceso a materiales didácticos actualizados, actividades prácticas que refuercen los conceptos enseñados y la orientación personalizada en caso de dificultades o dudas.

El/la tutor/a, debe estar disponible para ofrecer orientación y apoyo continuos a lo largo del curso, asegurándose de que los participantes se sientan respaldados y motivados en su proceso de aprendizaje. Esto puede implicar la organización de sesiones de tutoría individualizadas, la moderación activa de foros de discusión y la respuesta oportuna a las consultas de los/as estudiantes.

Algo que podemos hacer de forma habitual y que ayuda en el desarrollo de esta función es publicar cada inicio de semana en el tablón de anuncios la planificación semanal indicando lo que es recomendable trabajar durante esta.

- **Clausura del curso**. La clausura del curso representa una fase fundamental en la labor del tutor/a, quien se encarga de realizar la calificación final del curso y preparar las actas de evaluación conforme a los parámetros establecidos por el centro educativo. Este proceso implica recopilar y registrar las notas de los/as alumnos/as de manera precisa y detallada, asegurando que todos los aspectos del rendimiento académico sean debidamente evaluados.

  Además de la evaluación, el/la tutor/a debe completar la documentación administrativa requerida, la cual incluye la firma de las actas de evaluación y su remisión al/la técnico/a o coordinador/a del curso. Esta acción se realiza con el propósito de garantizar la veracidad y la transparencia en el proceso de evaluación, así como para asegurar que los resultados sean comunicados de manera oportuna a las partes interesadas.

  Otro aspecto crucial en la clausura del curso es la asignación de los diplomas o títulos correspondientes a los/as alumnos/as que hayan completado satisfactoriamente todos los requisitos del programa formativo. El tutor/a se encarga de verificar a través de la plataforma que cada alumno/a reciba el reconocimiento académico que le corresponde, facilitando de esta manera el reconocimiento oficial de los logros alcanzados durante el curso.

  Es fundamental que todos estos procedimientos se realicen dentro de un plazo establecido, habitualmente en un máximo de 48 horas después de la finalización del curso. Este plazo garantiza que los/as alumnos/as puedan recibir sus calificaciones y certificados de manera oportuna, permitiéndoles avanzar en sus trayectorias académicas y profesionales con la documentación necesaria para respaldar sus logros formativos.

Figura 2.24. Clausura de curso.

También pueden solicitarnos que desempeñemos el rol de **tutor/a dinamizador/a.** En esta situación, nuestras responsabilidades principales se centran en coordinar, promover y fomentar *la participación activa de los/as alumnos/as* en el entorno de aprendizaje virtual.

Además de facilitar el acceso a los recursos y materiales educativos, es crucial crear un ambiente dinámico que estimule el intercambio de ideas y el debate constructivo entre los/as participantes del curso. Y si lo desglosamos, podríamos tener que cumplir las siguientes funciones.

■ **Antes del inicio del curso**. Lo primero que se debe hacer antes del inicio del curso es verificar que toda la información esencial esté completa y correctamente cargada en la plataforma de formación. Esto incluye aspectos cruciales como el *curriculum vitae* del tutor/a de contenidos, la guía del alumno/a que detalla los objetivos y contenidos del curso, así como la programación didáctica que establece el plan de estudios y las actividades que se deben realizar para alcanzar los objetivos planteados en el trabajo en la plataforma.

Es fundamental asegurarse de que todos estos documentos estén actualizados y disponibles para los/as participantes desde el primer día. Además, es recomendable revisar cualquier material adicional que pueda ser necesario, como recursos educativos específicos, ejemplos prácticos o enlaces a lecturas complementarias que enriquezcan la experiencia de aprendizaje.

Esta preparación meticulosa garantiza que tanto el/la tutor/a como los/as alumnos/as tengan acceso a la información necesaria para comenzar el curso de manera eficiente y sin contratiempos. Además, facilitaremos un inicio fluido y organizado, sentando las bases para una experiencia educativa efectiva y satisfactoria para todas las personas involucradas en el proceso formativo.

Figura 2.25. Comunicación *online*.

■ **Impulsar la participación del alumnado**. Impulsar la participación activa del alumnado, tanto individual como colectivamente, es una tarea fundamental del/la tutor/a en la formación *online*. Esto implica no solo motivar a los/as participantes para que alcancen los objetivos del curso, sino también fomentar un ambiente colaborativo donde el trabajo en equipo sea valorado y promovido.

En primer lugar, es crucial establecer expectativas claras desde el inicio del curso, comunicando de manera efectiva los objetivos y beneficios que los/as participantes pueden esperar alcanzar. Esto ayuda a alinear sus expectativas y motivaciones con los contenidos y actividades planificadas.

Además, el/la tutor/a debe utilizar estrategias dinámicas para fomentar la interacción y la participación activa. Esto puede incluir la organización de debates, actividades de resolución de problemas en grupo o proyectos colaborativos que permitan a los/as alumnos/as aplicar los conocimientos trabajados en situaciones prácticas.

Es igualmente importante proporcionar retroalimentación constante y constructiva que motive a los/as alumnos/as a seguir comprometidos con el aprendizaje. Reconocer los logros individuales y grupales, así como brindar apoyo cuando sea necesario, son acciones clave para mantener alta la motivación, la participación y el interés a lo largo del curso.

- **Crear un ambiente motivador y favorable de aprendizaje**. Este es un aspecto esencial para los/as dinamizadores/as en la formación *online*. Esto implica establecer una comunicación activa y constante con los/as participantes utilizando diversas herramientas como correo electrónico, foros, chat, mensajes a través de WhatsApp y llamadas telefónicas.

En primer lugar, es fundamental establecer una conexión cercana con cada participante desde el inicio del curso. Esto puede lograrse mediante saludos personalizados, mensajes de bienvenida en los foros y correos electrónicos individuales que ayuden a los/as estudiantes a sentirse acogidos/as y motivados/as desde el primer día.

Los/as dinamizadores/as deben fomentar la participación activa de los/as alumnos/as en todas las actividades del curso. Otro aspecto clave es la capacidad de proporcionar apoyo individualizado. Esto implica estar disponible para resolver dudas a través de múltiples canales, responder rápidamente a los mensajes y proporcionar orientación personalizada según las necesidades específicas de cada persona.

Además, los/as dinamizadores/as deben actuar como facilitadores del aprendizaje, guiando a los/as participantes hacia la consecución de los objetivos del curso. Esto incluye ofrecer recursos adicionales, como materiales complementarios o enlaces a artículos relevantes, que enriquezcan la experiencia de aprendizaje y motiven a los/as estudiantes a profundizar en los temas tratados.

- **Soporte didáctico**. Este soporte implica un profundo conocimiento y dominio de la guía didáctica del curso. Esto incluye entender a fondo la temporalización del programa formativo, la metodología empleada, los recursos disponibles, las diversas actividades propuestas y las preguntas frecuentes que pueden surgir durante el desarrollo del curso.

En primer lugar, es esencial que el/la dinamizador/a se familiarice exhaustivamente con la guía didáctica antes del inicio del curso. Esto implica revisar detenidamente la estructura temporal del curso, asegurándose de que cada módulo o unidad esté correctamente planificado para cumplir con los objetivos de aprendizaje y las fechas límite establecidos. Además, debe estar preparado/a para ajustar esta temporalización según las necesidades y el ritmo de los/as participantes.

El conocimiento profundo de la metodología utilizada es igualmente crucial. El/la dinamizador/a debe comprender cómo se diseñan y se desarrollan las actividades de aprendizaje, asegurándose de que estén alineadas con los objetivos educativos y sean efectivas para promover la participación activa de los/as estudiantes.

Asimismo, es responsabilidad del/la dinamizador/a conocer a fondo los recursos disponibles para el curso. Esto incluye materiales educativos complementarios, enlaces a recursos externos relevantes y cualquier herramienta tecnológica utilizada para la interacción y el aprendizaje en línea. Ser capaz de orientar a los/as estudiantes sobre cómo acceder y utilizar estos recursos de manera efectiva es fundamental para optimizar su experiencia de aprendizaje.

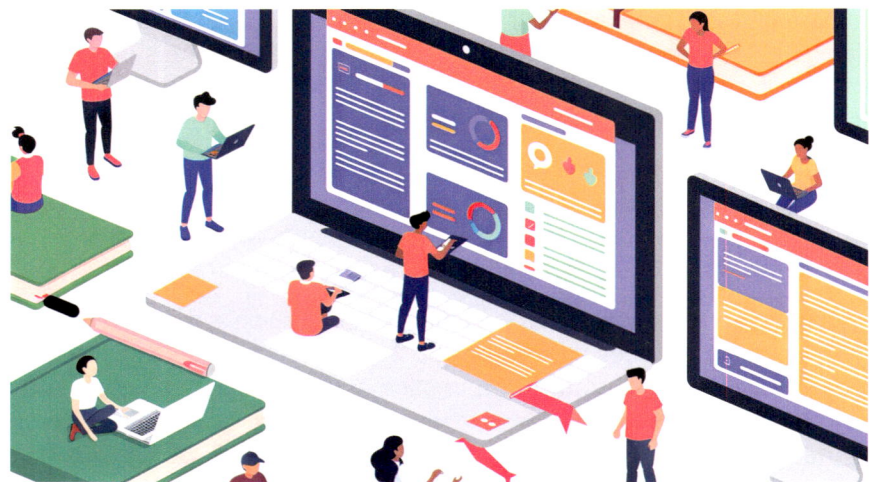

Figura 2.26. Conocimiento de la plataforma.

El/la dinamizador/a debe estar preparado/a para abordar preguntas frecuentes y resolver dudas que puedan surgir entre los/as participantes. Esto puede implicar la creación y mantenimiento de un espacio dedicado a preguntas y respuestas en los foros, así como estar disponible para consultas individuales a través de correo electrónico o sesiones de chat privadas.

- **Apoyo técnico**. Implica proporcionar asistencia y acompañamiento tanto al alumnado, como a los/as tutores/as de contenidos en el manejo eficiente de la plataforma educativa y de todos los medios tecnológicos asociados.

En primer lugar, es fundamental que el equipo de apoyo técnico esté completamente familiarizado con la plataforma utilizada para la formación. Esto implica conocer a fondo las funcionalidades de la plataforma, desde la gestión del contenido hasta las herramientas de interacción en línea como foros, chats y videoconferencias. De esta manera, pueden brindar orientación y soporte adecuado a los/as tutores/as en caso de cualquier problema técnico o consulta relacionada con el funcionamiento de la plataforma.

El apoyo técnico debe estar preparado para asistir en la integración y utilización efectiva de medios tecnológicos adicionales que puedan ser necesarios para la enseñanza *online*. Esto podría incluir el uso de herramientas de videoconferencia, *software* de gestión de aprendizaje, recursos multimedia y cualquier otra tecnología específica utilizada para mejorar la experiencia educativa y facilitar la comunicación entre tutores/as y alumnos/as.

Otro aspecto importante del apoyo técnico es la capacitación continua y el desarrollo profesional de los/as tutores/as en el uso de nuevas herramientas y actualizaciones de la plataforma. Esto garantiza que los/as tutores/as estén actualizados y sean competentes en el uso de las tecnologías más recientes disponibles para mejorar la enseñanza y el aprendizaje en línea.

Asimismo, el equipo de apoyo técnico puede desempeñar un papel proactivo en la identificación y resolución de problemas técnicos antes de que afecten a la experiencia educativa de los/as alumnos/as. Esto puede incluir la monitorización continua de la plataforma y la respuesta rápida a cualquier incidencia que pueda surgir durante las sesiones formativas.

- **Realizar un seguimiento detallado** de los/as alumnos/as. Lo fundamental en el seguimiento de los/as alumnos/as es llevar a cabo un monitoreo minucioso y personalizado de su desempeño a lo largo del curso. Este proceso implica acompañar de cerca a cada estudiante, brindándoles orientación para planificar eficazmente su tiempo de estudio y participación en las actividades del curso.

  En primer lugar, hay que establecer una comunicación regular con los/as alumnos/as para evaluar su progreso y comprender sus necesidades individuales. Esto incluye analizar la frecuencia y calidad de su participación en las actividades académicas y formativas, asegurándose de que estén involucrados/as de manera activa y constructiva en el aprendizaje.

  Se deben implementar mecanismos para proporcionar retroalimentación oportuna y específica sobre el rendimiento de cada estudiante. Esto no solo implica informarles sobre su progreso en términos de logros alcanzados, sino también identificar áreas de mejora y sugerir estrategias para optimizar su aprendizaje.

  El seguimiento detallado también requiere la capacidad de identificar posibles desafíos o dificultades que puedan enfrentar los/as alumnos/as durante el curso. Esto podría incluir problemas con la comprensión de los contenidos, la gestión del tiempo o la adaptación a las metodologías de enseñanza *online*. En tales casos, es responsabilidad del equipo de seguimiento proporcionar el apoyo y la orientación necesarios para superar estos obstáculos y garantizar el éxito académico del/la estudiante.

Por último, mantener registros precisos y actualizados de cada alumno/a es esencial para evaluar de manera efectiva su progreso a lo largo del curso. Esto facilita la preparación de informes periódicos y la comunicación clara de los resultados académicos y de aprendizaje a los/as estudiantes, asegurando una comprensión mutua y facilitando la toma de decisiones educativas informadas.

Figura 2.27. Seguimiento de información.

- **Asegurarse de que los/as alumnos/as trabajan a un ritmo adecuado**. Esta función implica una vigilancia constante y personalizada del progreso de cada estudiante a lo largo del curso. Requiere una atención meticulosa para identificar cualquier desviación en el ritmo de trabajo de los/as alumnos/as.

En primer lugar, es fundamental monitorear de cerca cómo evoluciona cada alumno/a en relación con los objetivos y plazos establecidos. Esto implica revisar regularmente el avance en la entrega de ejercicios y la participación en las actividades grupales, asegurándose de que todos/as los/as estudiantes estén involucrados de manera activa y adecuada en tiempos.

En caso de que algún/a alumno/a tarde en enviar sus trabajos o muestre una disminución en su participación, es necesario investigar las posibles razones detrás de estos comportamientos. Esto podría implicar mantener una comunicación abierta con el/la alumno/a para identificar cualquier dificultad académica, personal o técnica que pueda estar afectando su rendimiento y sobre la que podamos ayudarle o realizar alguna acción.

Además, el equipo de seguimiento debe estar preparado para ofrecer apoyo y orientación individualizada para ayudar al/la estudiante a retomar el ritmo y cumplir con las expectativas del curso. Esto puede incluir la revisión de metas y estrategias de estudio, así como proporcionar recursos adicionales o ajustar el plan de trabajo según sea necesario.

Es esencial mantener una comunicación constante con los/as alumnos/as para informarles sobre su progreso y motivarles a mantener un ritmo constante de trabajo. Esto no solo fomenta la responsabilidad y la autogestión del aprendizaje, sino que también fortalece la conexión entre el/la estudiante y el equipo de seguimiento, promoviendo un entorno de aprendizaje colaborativo y de apoyo mutuo.

Figura 2.28. Alumno *e-learning*.

- **Supervisión de la labor del tutor/a de contenido**. Supervisar la labor del/la tutor/a de contenidos supone asegurarse de que está cumpliendo efectivamente con todas sus responsabilidades dentro del curso. Esto abarca diversas áreas críticas que son fundamentales para el éxito y la efectividad de la enseñanza *online*.

En primer lugar, es necesario revisar que el/la tutor/a de contenidos esté fomentando un ambiente de interacción y comunicación activa entre él/ella y el alumnado. Esto significa no solo estar disponible para responder a las dudas de contenido de manera oportuna, sino también facilitar discusiones significativas y motivadoras que enriquezcan el proceso de aprendizaje.

Se debe verificar que el/la tutor/a esté cumpliendo con la corrección y evaluación de las actividades asignadas a los/as alumnos/as dentro del tiempo estipulado para ello. Esto implica proporcionar retroalimentación constructiva y detallada sobre el trabajo realizado, asegurando que los/as estudiantes comprendan sus fortalezas y áreas de mejora.

Otro aspecto crucial de la supervisión es garantizar que el/la tutor/a esté presente y disponible durante las horas designadas para las tutorías. Esto es fundamental para que los/as alumnos/as puedan acceder al apoyo y la orientación necesarios en tiempo real, facilitando así un aprendizaje continuo y personalizado.

Asimismo, es importante verificar que el/la tutor/a esté actualizado con respecto al temario del curso y cualquier cambio en la metodología de enseñanza. Esto asegura que la información proporcionada sea precisa y relevante para las necesidades formativas actuales de los/as estudiantes.

Figura 2.29. Trabajo en la plataforma.

- **Analizar el curso desde una perspectiva crítica.** Se debe realizar una evaluación exhaustiva de todos los aspectos del programa formativo. Los/as dinamizadores/as tienen la responsabilidad de revisar el contenido del curso de manera sistemática y reflexiva, con el objetivo de identificar áreas de mejora que puedan implementarse en futuras ediciones.

Uno de los primeros pasos es recopilar y analizar el *feedback* proporcionado por los/as participantes. Esto incluye la creación de una base de datos que registre las preguntas más frecuentes y los comentarios recibidos durante el curso. Esta información es muy valiosa para comprender las necesidades y preocupaciones de los/as alumnos/as ante este tipo de formación, permitiendo ajustar el contenido y las actividades del curso de manera más precisa y efectiva.

Además, los/as dinamizadores/as deben evaluar la efectividad de las prácticas pedagógicas utilizadas durante el curso. Identificar aquellas prácticas que han tenido más éxito entre los/as estudiantes facilita su integración en futuros cursos, mejorando así la experiencia formativa global.

Otro aspecto clave de la evaluación crítica es revisar la temporalización del curso y la organización de los contenidos. Esto implica asegurarse de que el curso esté adecuadamente estructurado para maximizar el aprendizaje y la participación de los/as alumnos/as, ajustando los tiempos y secuencias según sea necesario.

Además de evaluar el contenido del curso, también es fundamental revisar la tecnología y las herramientas utilizadas en la plataforma educativa. Es decir, asegurarse de que todas las funciones técnicas estén operativas y sean accesibles para todos los/as participantes, optimizando así la experiencia de aprendizaje *online*.

Figura 2.30. Curso completado.

A MODO DE CONCLUSIÓN...

- La evolución de la figura del/la tutor/a *online* ha transformado significativamente su percepción anterior como una presencia fantasma en el ámbito educativo. Actualmente, los/as tutores/as *online* son reconocidos como personas tangibles y accesibles, que están activamente involucradas en el proceso de aprendizaje de los/as estudiantes a través de medios digitales. Esta transición ha implicado que los/as tutores/as *online* sean vistos como personas reales y cercanas, cuya presencia es evidente y constante a lo largo del curso.

- A diferencia del pasado, ahora los/as estudiantes pueden interactuar visualmente con sus tutores/as a través de videollamadas, escuchar sus explicaciones y consejos durante las sesiones en vivo y leer sus comentarios y orientaciones en los diferentes canales de comunicación disponibles en la plataforma educativa. Este cambio hacia una tutoría *online más visible y tangible ha fortalecido la relación entre los/as tutores/as y los/as estudiantes, promoviendo un ambiente de aprendizaje más colaborativo y participativo*.

- Los/as tutores/as no solo cumplen con sus responsabilidades académicas, como la clarificación de conceptos y la evaluación de trabajos, sino que también se han convertido en mentores/as activos/as que guían y motivan a los/as estudiantes a lo largo de su trayectoria educativa en el entorno virtual.

- Los/as tutores/as *online* son percibidos como recursos valiosos y fundamentales dentro del proceso educativo, capaces de proporcionar apoyo personalizado y orientación profesional a los/as estudiantes según sus necesidades individuales.

- En la tutorización de una acción formativa, es crucial que nos involucremos plenamente comprendiendo nuestras funciones y responsabilidades de manera clara y definida. Esto implica no solo estar presente de manera física o virtual, sino también participar activamente en la facilitación del aprendizaje de los/as estudiantes, guiándolos a lo largo del curso de manera efectiva y comprometida.

- Parte fundamental de nuestro rol como tutores/as es asegurarnos de que los/as estudiantes comprendan los objetivos y contenidos del curso, así como proporcionarles las herramientas necesarias para alcanzar sus metas educativas. Esto requiere una preparación previa adecuada, familiarizándonos con el material del curso y estando disponibles para resolver dudas y proporcionar retroalimentación constructiva.

- Es esencial mantener una comunicación abierta y efectiva con los/as estudiantes, utilizando diversos canales como el correo electrónico, foros, chats y videollamadas para fomentar la participación activa y la interacción. De esta manera, podemos crear un ambiente de aprendizaje colaborativo y estimulante que motive a los/as estudiantes a alcanzar su máximo potencial académico.

- Debemos estar atentos/as a las necesidades individuales de los/as estudiantes, adaptando nuestra tutorización según sus estilos de aprendizaje y ritmos de trabajo. Esto incluye brindar apoyo adicional cuando sea necesario, revisar y evaluar el progreso de los/as estudiantes de manera regular y ajustar nuestras estrategias pedagógicas según las circunstancias y el *feedback* recibido.

- Es fundamental continuar perfeccionando las habilidades docentes que ya aplicamos en el contexto de las clases presenciales, adaptándolas de manera efectiva a los recursos tecnológicos que emplearemos. Esto implica no solo dominar el contenido académico, sino también desarrollar competencias en el uso de herramientas digitales para facilitar un aprendizaje significativo y enriquecedor.

- Uno de los aspectos clave que debemos practicar y entrenar, es la capacidad de comunicación. En las clases presenciales, la interacción directa con los/as estudiantes es inmediata y natural. Sin embargo, en el entorno digital, esta interacción requiere un ajuste para asegurar que todos/as los/as participantes se sientan involucrados/as y comprendidos/as. Esto incluye el uso eficaz del correo electrónico, foros, chats y videoconferencias para mantener una comunicación clara y constante.

- Debemos adaptar nuestras estrategias pedagógicas al entorno virtual. Esto implica planificar y estructurar las sesiones de manera que sean accesibles y motivadoras para los/as estudiantes, utilizando recursos multimedia y actividades interactivas que fomenten el aprendizaje activo y la participación colaborativa.

- Hay que manejar adecuadamente la gestión del tiempo y de los recursos. En el contexto *online*, es fundamental organizar y administrar eficientemente los contenidos del curso, así como proporcionar retroalimentación oportuna sobre las tareas y actividades de los/as estudiantes. Esto no solo implica mantener actualizados los materiales del curso, sino también que estemos preparados/as para resolver problemas técnicos que puedan surgir durante las sesiones y sobre los que podamos actuar.

- Y, sobre todo, la práctica diaria de las habilidades comunicativas tanto verbales como escritas, para poder llegar de forma real y sincera a nuestros grupos de alumnos/as.

ACTIVIDADES FINALES

A continuación, encontrarás algunas preguntas sobre la unidad que acabamos de trabajar, para que puedas comprobar el grado de conocimientos que has adquirido.

2.1. ¿Cuáles crees que son las funciones principales de un/a tutor/a en un entorno de formación *online*?

2.2. ¿Qué habilidades consideras más importantes para un/a tutor/a *online* y por qué?

2.3. ¿Cómo crees que la comunicación efectiva influye en el trabajo que ha de realizar un/a tutor/a *online*?

2.4. ¿Qué estrategias utilizarías para motivar a los/as estudiantes en un curso *online*?

2.5. ¿Cuál es el rol del/la tutor/a en la creación y gestión de actividades de aprendizaje *online*?

2.6. ¿Qué herramientas tecnológicas o plataformas consideras esenciales para un/a tutor/a *online* y por qué?

2.7. ¿Cómo evaluarías el progreso y aprendizaje de los/as estudiantes en un entorno virtual?

2.8. ¿Qué retos tienen que superar los/as tutores/as *online* y cómo podrían superarlos?

2.9. ¿Cuál es la importancia de la adaptabilidad y la flexibilidad para un/a tutor/a *online*?

2.10. ¿Cómo crees que un/a tutor/a *online* puede fomentar un ambiente colaborativo entre los/as estudiantes?

3

Métodos, estrategias y herramientas tutoriales. La plataforma de teleformación

Este tema aborda los métodos, estrategias y herramientas tutoriales utilizadas en la formación en línea, destacando el uso de plataformas de teleformación, así como las estrategias tutoriales para optimizar la experiencia educativa.

3.1. ¿Qué es una plataforma de teleformación?

Las plataformas *e-learning* ya no son una novedad, pero el grado de sofisticación que han alcanzado afecta a la efectividad de aprendizaje con resultados positivos. Una plataforma de teleformación es un entorno virtual diseñado específicamente para facilitar la enseñanza y el aprendizaje a distancia a través de medios tecnológicos.

Este tipo de plataforma integra diversas herramientas y recursos educativos que permiten a los/as estudiantes acceder a contenidos formativos, interactuar con el material de estudio, participar en actividades colaborativas y comunicarse con tutores/as y compañeros/as de manera sincrónica o asincrónica.

> Una plataforma de teleformación es un espacio digital que reúne tanto los elementos necesarios para la impartición de cursos y programas educativos como las funcionalidades para la interacción y la gestión académica, proporcionando flexibilidad en tiempo y ubicación para estudiantes y formadores/as por igual.

Algunos conceptos básicos...

- E-learning *es el término que designa a la educación* online.

- *Se desarrolla en un entorno digital donde alumnos/as y docentes se conectan gracias a la tecnología y desarrollan la formación a través de los dispositivos habilitados para ello.*

Figura 3.1. *E-learning.*

Este tipo de formación se desarrolla **exclusivamente** a distancia y *online*. Aunque también existe otra alternativa conocida como *B-Learning* (aprendizaje mixto o *blended learning*), que combina lo mejor de ambos mundos: clases presenciales y aprendizaje *online*.

El *B-Learning* ofrece flexibilidad al permitir que los/as estudiantes asistan a clases físicas para ciertas actividades o sesiones prácticas, mientras que el resto del aprendizaje se realiza a través de plataformas digitales. Esta modalidad mixta es especialmente beneficiosa porque aprovecha las ventajas del contacto directo con el/la formador/a y los/as compañeros/as durante las clases presenciales, al tiempo que ofrece la conveniencia y accesibilidad del aprendizaje *online* para estudios individuales y la interacción virtual.

Además, el *B-Learning* permite adaptarse mejor a las necesidades de los/as estudiantes y a las demandas del currículo educativo, facilitando un proceso de aprendizaje más completo y personalizado. Esta combinación de métodos asegura que los/as estudiantes obtengan una experiencia educativa enriquecedora y efectiva, utilizando herramientas tecnológicas y recursos multimedia para optimizar su aprendizaje y alcanzar sus objetivos académicos de manera eficiente.

> El *B-Learning*, también conocido como aprendizaje mixto, es una modalidad educativa que combina métodos de enseñanza presenciales y *online*. En esta modalidad, los/las estudiantes participan en actividades de aprendizaje tanto en un entorno físico como a través de plataformas digitales. El objetivo es aprovechar las fortalezas de ambos enfoques, ofreciendo flexibilidad para los/las estudiantes y fomentando un aprendizaje más personalizado y efectivo.

Figura 3.2. *Blended learning.*

Las plataformas de *e-learning* son herramientas integrales para el aprendizaje. No solo funcionan como repositorios *online* de contenidos del curso, sino que además proporcionan un entorno interactivo y dinámico donde los/as estudiantes pueden acceder a recursos educativos diversificados y participar en actividades de aprendizaje colaborativo.

Estas plataformas facilitan la comunicación entre estudiantes y tutores/as, permitiendo un seguimiento continuo del progreso académico y ofreciendo herramientas para evaluar el rendimiento.

Asimismo, están diseñadas para adaptarse a diferentes estilos de aprendizaje, proporcionando flexibilidad en el acceso al material educativo y fomentando un aprendizaje autónomo y personalizado.

Las plataformas *online* deben cumplir las siguientes **funciones**:

- Biblioteca digital.

- Monitorización del aprendizaje por medio de evaluaciones e informes con los datos del rendimiento de los/as estudiantes.

- Creación de informes y estadísticas, como la evolución de los/as alumnos/as para saber el progreso de cada uno/a de ellos/as. También genera mecanismos de autoevaluación.

- Gestión de las herramientas de comunicación del curso, como los foros, chats, videoconferencias, correos electrónicos y mensajería instantánea.

- Administración del acceso al curso: gestión de roles, registro y permisos. (No todas las personas involucradas en el curso tienen acceso a los recursos o los perfiles de alumnos/as).

Figura 3.3. Entorno virtual.

Características de las plataformas e-learning:

- **Interactividad** con los participantes en el curso. Este aspecto de las plataformas es fundamental para ofrecer respuestas efectivas a las necesidades concretas y particulares de cada alumno/a. Esta característica no solo permite una comunicación bidireccional entre estudiantes y tutores/as, sino que también promueve un aprendizaje personalizado y adaptado a las diferentes situaciones y desafíos que puedan surgir durante el proceso formativo. A través de herramientas como foros de discusión, sesiones de chat en vivo y retroalimentación individualizada, se facilita un entorno donde los/as participantes pueden expresar sus inquietudes, recibir orientación específica y sentirse apoyados en su desarrollo académico.

- **Escalabilidad**. Es una característica esencial en los sistemas de *e-learning*, ya que garantiza su funcionamiento óptimo sin importar las variaciones en la cantidad de alumnos/as, la diversidad de contenidos, la complejidad de las actividades o la cantidad de archivos subidos. Esta capacidad no solo se refiere a la aptitud técnica para manejar grandes volúmenes de datos y usuarios/as simultáneamente, sino también a la flexibilidad y adaptabilidad del sistema para crecer y ajustarse según las necesidades cambiantes del entorno educativo. Además, implica la eficiencia en la gestión de recursos y la capacidad de mantener altos estándares de rendimiento y accesibilidad en todo momento, asegurando una experiencia de aprendizaje fluida y consistente para todas las personas participantes del curso.

Figura 3.4. Plataforma de *e-learning*.

- **Flexibilidad**. Permitiendo adaptarse de manera efectiva y eficiente a las necesidades específicas de cada centro educativo o curso impartido. Esto implica no solo la capacidad de personalizar el contenido y las actividades según los requisitos particulares de cada contexto educativo, sino también la adaptabilidad del sistema para integrar nuevas tecnologías, métodos de enseñanza y recursos pedagógicos conforme evolucionan las demandas y expectativas del entorno educativo. Esta versatilidad facilita una experiencia de aprendizaje personalizada y ajustada, promoviendo así un ambiente educativo dinámico y receptivo a la innovación constante.

- **Integración y estandarización.** En este caso, se trata de facilitar la incorporación fluida tanto de contenidos externos como cursos de proveedores diversos dentro de la plataforma formativa. Esto implica asegurar la compatibilidad con diferentes formatos de archivos y estándares tecnológicos utilizados en el ámbito educativo, permitiendo una interoperabilidad efectiva entre la plataforma de *e-learning* y otras herramientas administrativas del centro. De esta manera, se optimiza la gestión de recursos educativos, se amplían las opciones de formación ofrecidas y se fortalece la capacidad del centro para ofrecer una experiencia educativa integrada y diversificada.

■ **Funcionalidad.** Se refiere a su capacidad para realizar todas las funciones específicas y necesarias que requiere cada centro formativo. Esto implica asegurar que la plataforma pueda gestionar eficientemente la administración de cursos, la interacción entre estudiantes y formadores/as, la entrega y evaluación de contenidos educativos, así como proporcionar herramientas robustas para la comunicación, el seguimiento del progreso de los/as alumnos/as y la generación de informes. Una plataforma funcional es aquella que no solo cumple con estas tareas básicas, sino que también puede adaptarse y ampliarse según las necesidades particulares de cada institución educativa, garantizando así una experiencia de aprendizaje efectiva y personalizada para todas las personas implicadas.

Figura 3.5. Modalidades de formación.

■ **Usabilidad**. La plataforma debe estar diseñada de manera intuitiva con una interfaz clara y accesible que permita a los/as usuarios/as navegar fácilmente por los contenidos del curso, participar en actividades interactivas y acceder a recursos educativos de manera eficiente. Además, la usabilidad implica que la plataforma debe ser compatible con diferentes dispositivos y navegadores, facilitando así el acceso desde cualquier lugar y en cualquier momento. Una plataforma con alta usabilidad promueve la interacción fluida y efectiva entre los/as participantes, mejorando así la experiencia de aprendizaje *online*.

Figura 3.6. Aprende de manera virtual.

3.2. Herramientas tutoriales y recursos del entorno virtual

Desde que se produjo el cambio a la web 2.0 en 2004, el aprendizaje *online* experimentó un avance significativo, especialmente en el contexto de las plataformas de formación.

Este cambio marcó un salto cualitativo al permitir una interacción más dinámica y participativa entre los/as usuarios/as de la formación *online*. Las plataformas de formación pudieron aprovechar las características de la web 2.0, como la colaboración en tiempo real, la creación de contenido generado por los/as usuarios/as y la integración de herramientas multimedia y sociales.

Esto no solo enriqueció la experiencia de aprendizaje, sino que también facilitó la personalización de los cursos y la adaptación a las necesidades individuales de los/as estudiantes.

La transición a la web 2.0 impulsó la evolución de las plataformas de formación hacia entornos más interactivos, flexibles y orientados al usuario/a, promoviendo así un aprendizaje más efectivo y enriquecedor.

Los cambios más relevantes que ayudaron al desarrollo y mejora de las plataformas de formación *online* serían los siguientes:

■ **El papel activo de los/as estudiantes**. Desde principios del siglo xxi, se ha observado un cambio significativo en el papel de los/as estudiantes dentro de las plataformas de formación. Anteriormente, el aprendizaje solía centrarse en la memorización de contenidos para ser evaluados a través de exámenes tradicionales, que a menudo se enviaban por correo postal. Sin embargo, con el avance de la tecnología y la adopción generalizada de plataformas de formación *online*, este enfoque ha evolucionado hacia uno más interactivo y práctico.

En la actualidad, los/as estudiantes juegan un papel mucho más activo en su propio proceso de aprendizaje. Las plataformas de formación permiten y fomentan la participación activa a través de diversas aplicaciones prácticas y actividades. Estas actividades no solo buscan la comprensión de los contenidos, sino también su aplicación práctica en diferentes contextos. Los/as estudiantes ya no son solo receptores pasivos de información, ahora son partícipes activos en la construcción de su conocimiento.

Figura 3.7. Alumna activa *online*.

Este cambio hacia un aprendizaje más interactivo y basado en la aplicación práctica tiene múltiples beneficios. Por un lado, promueve un entendimiento más profundo y significativo de los conceptos, ya que los/as estudiantes no solo aprenden teoría, sino que también exploran cómo aplicarla en situaciones reales o simuladas. Además, fomenta habilidades como el pensamiento crítico, la resolución de problemas y la colaboración, y habilidades esenciales para enfrentar los desafíos del mundo actual.

- **El rol del/la docente se asimila al rol que tiene en el aula presencial**. En el contexto de las plataformas de formación modernas, el rol del docente ha experimentado una evolución significativa que se asemeja cada vez más a su papel en el aula presencial. Anteriormente, había una percepción de que los/as tutores/as *online* podían ser figuras en la sombra o casi invisibles, limitados/as a proporcionar materiales y responder preguntas de manera pasiva. Sin embargo, con el avance tecnológico y la sofisticación de las plataformas educativas, esta percepción ha cambiado radicalmente.

Hoy en día, los/as docentes en entornos *online* tienen la capacidad y la responsabilidad de desempeñar funciones dinamizadoras y organizativas activas. Esto significa que no solo están presentes para entregar contenido, sino que también se espera que interactúen de manera proactiva con los/as estudiantes. Utilizan las herramientas y funcionalidades disponibles en la plataforma para facilitar la participación, promover la discusión y guiar el aprendizaje.

Los/as estudiantes ahora demandan una presencia más activa y visible por parte de los/as formadores/as en los cursos *online*. Esperan recibir orientación clara sobre el contenido del curso, instrucciones detalladas sobre las actividades y retroalimentación constructiva sobre su desempeño. El/la formador/a, por lo tanto, actúa como un facilitador clave que crea un ambiente de aprendizaje estimulante y motivador.

Figura 3.8. Tutoría active.

La capacidad de las plataformas modernas para soportar esta interacción activa entre formadores/as y estudiantes ha sido crucial para este cambio de paradigma. Las herramientas como los foros de discusión, los chats en vivo, las videoconferencias, la mensajería instantánea y las actividades colaborativas permiten a los/as formadores/as estar presentes y accesibles, a pesar de la separación física.

- Las **herramientas como los blogs y las wikis** se han integrado tanto interna como externamente, transformando el proceso de aprendizaje hacia uno más colaborativo e interactivo. Anteriormente, la educación *online* estaba limitada a la entrega de contenido estático y la realización de actividades individuales, lo que no favorecía la colaboración ni la implicación activa de los/as estudiantes.

  Sin embargo, con la llegada de blogs y wikis a las plataformas educativas, se ha abierto un nuevo panorama donde los/as estudiantes pueden participar de manera más dinámica. Los blogs permiten a los/as estudiantes publicar reflexiones, ensayos o comentarios sobre temas específicos del curso, fomentando la discusión y la reflexión crítica entre iguales. Por otro lado, las wikis posibilitan la creación colaborativa de contenido, donde los/as estudiantes pueden editar y mejorar colectivamente documentos, proyectos o bases de conocimiento.

  Estas herramientas no solo enriquecen el contenido del curso, sino que también promueven habilidades clave como la colaboración, la comunicación y la cocreación de conocimiento. Los/as estudiantes aprenden no solo de la información proporcionada por el/la tutor/a, sino también a través del intercambio de ideas y la construcción conjunta de conocimiento con sus compañeros/as.

  La integración de blogs y wikis en las plataformas de formación amplía las posibilidades de aprendizaje más allá del aula virtual tradicional. Los/as estudiantes pueden acceder a recursos adicionales, compartir experiencias y explorar temas de interés común, enriqueciendo así su experiencia educativa y su sentido de grupo dentro del entorno digital.

Figura 3.9. Blogs.

- La **capacitación digital** se impone de manera masiva. Con la expansión de las plataformas de formación digital, ha surgido una creciente necesidad de capacitar masivamente a formadores/as y estudiantes en el **uso efectivo** de herramientas digitales. Este cambio marca una evolución significativa en la forma en que se enseña y se aprende en entornos educativos virtuales, en comparación con métodos más tradicionales y estáticos.

Anteriormente, la educación *online* estaba limitada por la falta de familiaridad con las tecnologías digitales avanzadas. Los/as formadores/as y estudiantes no solo necesitaban adaptarse a nuevas interfaces y entornos virtuales, sino también comprender cómo utilizar eficazmente las herramientas específicas integradas en las plataformas educativas. Esto requería un esfuerzo adicional para aprender a navegar por el espacio digital, organizar recursos, colaborar con otros/as usuarios/as y evaluar el progreso del aprendizaje de manera efectiva.

Con la llegada de la capacitación digital masiva, se ha enfatizado sobre la importancia de no solo dominar el uso básico de las herramientas digitales, sino también explorar su potencial completo para optimizar el proceso formativo. Los/as formadores/as ahora están siendo capacitados en estrategias para diseñar contenido interactivo, facilitar la colaboración entre estudiantes y mantener la participación activa a lo largo del curso.

Del mismo modo, los/as estudiantes están aprendiendo a utilizar herramientas como foros de discusión, salas de chat, plataformas de videoconferencia y recursos multimedia para mejorar su aprendizaje y desarrollo personal. Esta capacitación digital no solo se limita a la adquisición de habilidades técnicas, sino que también abarca la adaptación a nuevos métodos pedagógicos y la incorporación de enfoques innovadores para la enseñanza y el aprendizaje.

Los/as participantes en entornos formativos digitales ahora tienen la oportunidad de explorar y experimentar con diferentes herramientas y recursos, adaptándolos a sus necesidades específicas y optimizando así su experiencia de aprendizaje.

Figura 3.10. Manejo de *e-learning*.

Actualmente, las plataformas *e-learning* continúan adaptándose a la evolución tecnológica y a la innovación pedagógica en el uso de las NTIC.

La transición de la web 2.0 a la web 3.0 marca un hito significativo en cómo concebimos y utilizamos Internet en entornos educativos. Con la llegada de la web 3.0, y próximamente la web 4.0, nos adentramos en la era de la **web semántica**, donde el lenguaje y la comprensión del contexto juegan un papel fundamental.

En esta nueva fase tecnológica, ya no se trata solo de realizar búsquedas básicas en motores de búsqueda, sino de capacitar a nuestros/as estudiantes para que utilicen Internet de manera estratégica y efectiva. Se fomenta que el alumnado comprenda cómo aprovechar al máximo los recursos en línea, identificando sus necesidades específicas y desarrollando habilidades para localizar y evaluar información relevante de manera crítica y reflexiva.

A fin de cuentas, el objetivo sigue siendo **integrar las NTIC de manera efectiva en el proceso de enseñanza-aprendizaje.**

Esto implica no solo dominar las herramientas tecnológicas disponibles, sino también cultivar la capacidad de utilizarlas de manera creativa y adaptativa para enriquecer la experiencia educativa. La web 3.0 y los avances hacia la web 4.0 nos desafían a seguir innovando y evolucionando en la forma en que facilitamos el aprendizaje a través de las plataformas digitales, promoviendo un uso consciente y productivo de la tecnología en la educación.

La funcionalidad central del entorno de formación *online* se concentra en el concepto de **aula virtual**, un espacio diseñado específicamente para enseñar nuevos contenidos, facilitar la interacción entre participantes, resolver dudas, promover la colaboración y evaluar el aprendizaje.

> Cada aula virtual representa un curso, asignatura o tema particular, equipado con todos los elementos esenciales para facilitar un ambiente de aprendizaje efectivo y dinámico.

Dentro de estas aulas virtuales, se encuentran diversos recursos educativos digitales, tales como el temario detallado con los contenidos del curso, documentos relevantes, enlaces a fuentes externas, vídeos explicativos y otros materiales complementarios.

Además, se incorporan herramientas avanzadas de seguimiento y evaluación para monitorizar el progreso de los/as estudiantes. Estas herramientas incluyen informes periódicos de rendimiento individual y grupal, así como sistemas de evaluación que permiten medir el dominio de los contenidos y el desarrollo de habilidades específicas.

En el espacio del aula virtual, se accede a:

- **Espacios de comunicación interactiva**. Estos espacios no solo permiten compartir información y acceder a materiales didácticos relevantes, sino que también fomentan la conexión y colaboración entre tutores/as y estudiantes, así como entre los/as propios/as estudiantes.

En primer lugar, estos entornos posibilitan la comunicación en tiempo real mediante herramientas como chats y videoconferencias. Esto permite que los/as participantes puedan interactuar directamente, realizar consultas instantáneas, discutir temas específicos y colaborar en proyectos grupales de manera eficiente. La interacción en tiempo real enriquece la experiencia educativa al ofrecer una comunicación fluida y directa entre todos los involucrados.

Además de la comunicación síncrona, los espacios de comunicación interactiva también soportan interacciones asincrónicas a través de foros de discusión y mensajes. Estas plataformas permiten que los/as estudiantes y los/as tutores/as puedan participar en discusiones extendidas, plantear preguntas y respuestas, compartir recursos relevantes y reflexionar sobre los temas tratados en el curso en momentos convenientes para cada participante. Esta flexibilidad temporal favorece un aprendizaje más profundo y reflexivo, donde cada persona puede contribuir de manera significativa según su ritmo y disponibilidad.

Figura 3.11. Aula virtual.

- Publicación y puesta a disposición de los/as alumnos/as de **recursos pedagógicos** en espacios como bibliotecas, foros o wikis. Estos espacios, como bibliotecas digitales, foros y wikis, no solo almacenan materiales educativos, sino que también facilitan su acceso y utilización de manera organizada y colaborativa.

Las **bibliotecas digitales** dentro de los entornos virtuales son repositorios estructurados de recursos educativos. Aquí se encuentran disponibles el temario del curso, documentos relevantes, enlaces a artículos académicos, vídeos instructivos y otros materiales de estudio. Esta organización permite a los/as estudiantes acceder a la información necesaria de manera rápida y ordenada, promoviendo así la autonomía en el aprendizaje y la profundización en los contenidos.

Los **foros** son espacios destinados a la discusión y el intercambio de ideas entre estudiantes y formadores/as. A través de estos canales de comunicación, las personas participantes pueden plantear preguntas, compartir perspectivas, debatir sobre temas del curso y colaborar en la resolución de problemas académicos. La interacción en los foros no solo enriquece el aprendizaje al proporcionar diferentes puntos de vista, sino que también fortalece la comunidad educativa al fomentar un ambiente de aprendizaje colaborativo.

Además, las **wikis** son herramientas colaborativas que permiten la creación y edición conjunta de contenidos educativos. Los/as estudiantes pueden contribuir con información, editar artículos, añadir enlaces útiles y mejorar el conocimiento colectivo sobre determinados temas. Esta capacidad de construcción colectiva no solo fortalece el entendimiento de los contenidos, sino que también promueve habilidades como la investigación, la síntesis de información y la redacción colaborativa.

Figura 3.12. Wikis.

- **Recursos externos** o de terceros (como bibliotecas *online*, bases de datos, documentos, blogs, presentaciones). Las bibliotecas *online* son fuentes de información extensas y organizadas que ofrecen acceso a una amplia gama de recursos académicos, como libros digitales, artículos de investigación y publicaciones especializadas. Estos repositorios no solo amplían el alcance del contenido del curso, sino que también proporcionan a los/as estudiantes acceso a material actualizado y relevante en diversas áreas del conocimiento.

  Las bases de datos son herramientas esenciales que permiten a los/as estudiantes y formadores/as explorar y recuperar información específica de manera eficiente. Estas plataformas ofrecen acceso a conjuntos de datos estructurados y actualizados, que pueden utilizarse para investigaciones, análisis y proyectos académicos. La capacidad de buscar y filtrar información dentro de estas bases de datos facilita el aprendizaje personalizado y la profundización en temas específicos.

  Los documentos digitales proporcionan recursos educativos directamente relacionados con el contenido del curso, como guías, manuales, informes y estudios de caso. Estos materiales son fundamentales para complementar la teoría con ejemplos prácticos y aplicaciones concretas, permitiendo a los/as estudiantes entender y aplicar los conceptos aprendidos durante el curso en contextos reales.

  Los blogs educativos, por otro lado, son plataformas dinámicas donde expertos/as y educadores/as comparten conocimientos, opiniones y recursos didácticos. Estos espacios ofrecen perspectivas frescas y actualizadas sobre temas específicos, así como herramientas y estrategias innovadoras para mejorar el aprendizaje y la enseñanza. Los/as estudiantes pueden beneficiarse de estas voces externas al aula para obtener información e ideas adicionales y perspectivas variadas sobre los temas tratados en el curso.

Figura 3.13. Uso de recursos.

Y las presentaciones multimedia en todos sus formatos, que podemos encontrar a través de toda la red de Internet, son recursos visuales y auditivos que facilitan la comprensión y la retención de la información mediante el uso de gráficos, vídeos, animaciones y narraciones. Estos materiales no solo ayudan a captar la atención de los/as estudiantes, sino que también refuerzan los conceptos enseñados de manera visual y dinámica, promoviendo un aprendizaje interactivo y estimulante.

La facilidad y disponibilidad de los cursos *online* ha transformado radicalmente el panorama educativo, proporcionando una diversidad de opciones educativas como los cursos abiertos y masivos.

Dentro de estas opciones destacan los MOOC (*Massive Online Open Courses*) y los NOOC (*Nano Open Online Courses*), que representan respectivamente cursos *online* masivos y abiertos, así como pequeñas píldoras formativas e informativas.

Sin embargo, una distinción crucial entre estos formatos y la formación *online* tradicional es la **ausencia de una figura de tutoría personalizada.**

En los MOOC y NOOC, la tutoría individualizada se ve comprometida debido al alto número de participantes. Es extremadamente complejo desempeñar efectivamente el rol de tutor/a *online* cuando se enfrenta a una gran cantidad de estudiantes.

Esta diferencia fundamental **subraya la importancia y el valor añadido de la tutoría en la formación *online* convencional**.

La presencia de un tutor/a no solo guía y apoya al alumnado en su proceso de aprendizaje, sino que también personaliza la experiencia educativa, facilitando un seguimiento más detallado y efectivo del progreso de cada alumno/a.

Figura 3.14. Formación a través de MOOC.

3.3. Los métodos y estrategias tutoriales

El/la tutor/a online tiene como objetivo **lograr que el alumnado alcance los objetivos pedagógicos previstos al comienzo de la acción formativa.**

En este sentido, es necesario que los contenidos transmitidos durante la acción formativa sean alcanzables por todo el alumnado, adaptándolos a las necesidades y particularidades de cada uno/a de ellos/as.

Una acción formativa *e-learning* requiere una tutorización programada con el objetivo de ofrecer orientación, asegurar la participación del alumnado, así como asegurar un seguimiento y evaluación de calidad. La tutorización en el ámbito del *e-learning* es fundamental para guiar a los/as estudiantes a lo largo de su proceso de aprendizaje, proporcionándoles el apoyo necesario para superar las dificultades que puedan surgir y fomentar un entorno educativo enriquecedor y dinámico.

Por ello, es posible establecer algunos principios que aseguren los diferentes procesos que ayuden a alcanzar el éxito en la tutorización *e-learning*. Estos principios incluyen la planificación detallada de las actividades tutoriales, la implementación de estrategias de comunicación efectivas y el uso de herramientas tecnológicas que faciliten la interacción y el intercambio de información entre tutores/as y alumnos/as. Además, es fundamental promover un clima de confianza y motivación, donde los/as estudiantes se sientan valorados y acompañados en su aprendizaje.

La tutorización debe enfocarse también en la personalización del aprendizaje, adaptándose a las necesidades individuales de cada estudiante, y en la evaluación continua, proporcionando retroalimentación constructiva que permita a los/as alumnos/as mejorar de manera progresiva. En resumen, una tutorización bien estructurada y cuidadosamente ejecutada es esencial para garantizar una experiencia *e-learning* exitosa y de alta calidad.

Veamos algunos de los principios en los que nos basaremos:

- **Principios y momentos de orientación al alumnado**: al comenzar la acción formativa es imprescindible presentar la plataforma virtual y la vía de acceso a los contenidos y recursos multimedia al grupo de alumnos/as.

  Esta presentación inicial debe ser clara y detallada, abarcando todos los aspectos funcionales de la plataforma, desde la navegación básica hasta el acceso a materiales específicos y herramientas interactivas. Es fundamental que los/las estudiantes se familiaricen con el entorno virtual desde el primer momento para que puedan aprovechar al máximo los recursos disponibles y participar activamente en su proceso de aprendizaje.

  Es necesario resolver las dudas del alumnado con eficacia, independientemente de su tipología: referentes a los contenidos, a la metodología, al uso de la plataforma, a las vías de comunicación, etc. Para ello, los/as tutores/as deben estar preparados para ofrecer respuestas rápidas y precisas, utilizando canales de comunicación variados como foros, chats, mensajería instantánea, correos electrónicos y videoconferencias. La capacidad de resolver dudas de manera eficiente no solo mejora la experiencia de aprendizaje de los/as estudiantes, sino que también fortalece la confianza en la formación que se está realizando y en los/as tutores/as.

  También es importante establecer un sistema de soporte técnico fiable, que pueda asistir a los/as estudiantes en cualquier problema relacionado con el uso de la plataforma. La combinación de un soporte técnico efectivo y una comunicación abierta y accesible garantiza que los/as estudiantes se sientan acompañados/as y respaldados/as en todo momento, lo que contribuye a una mayor motivación e implicación con el curso.

Figura 3.15. Orientación al alumnado.

- **Principios de promoción de la participación**: el/la tutor/a deberá estar presente en todos los espacios de comunicación que estén habilitados dentro de la plataforma, guiando la participación para promover el mayor aprendizaje posible. La participación activa del/la tutor/a en estos espacios es crucial para dinamizar la comunicación, plantear preguntas que inviten a la reflexión y clarificar conceptos clave. Este rol de guía no solo facilita la comprensión de los contenidos por parte de los/as estudiantes, sino que también fomenta un ambiente de colaboración y aprendizaje mutuo.

Es importante atender los chats y las videoconferencias, generar debates interesantes en los foros y crear reuniones virtuales en las que participe el alumnado de forma grupal, ya que promueve el sentido de pertenencia previniendo la sensación de soledad (principal motivo de abandono en la formación a distancia anteriormente).

Los chats y la mensajería instantánea nos permiten una comunicación inmediata y fluida, resolviendo dudas de manera rápida. Las videoconferencias, por otro lado, ofrecen una interacción más personal y directa, similar a la de una clase presencial, facilitando una conexión más profunda entre tutor/a y estudiantes.

Generar debates interesantes en los foros es otra estrategia clave. Los foros permiten una discusión más pausada y reflexiva, donde los/as estudiantes se pueden tomar su tiempo para elaborar las respuestas y contribuir de manera significativa. Los temas de debate deben ser relevantes y estimulantes, capturando el interés de los/as estudiantes y motivándoles a participar activamente.

Figura 3.16. Participación *online*.

Crear reuniones virtuales grupales es una buena estrategia para fomentar el sentido de comunidad y pertenencia entre los/as estudiantes. Estas reuniones no solo permiten discutir temas académicos, sino que también ofrecen un espacio para la interacción social y el apoyo mutuo. Sentirse parte de un grupo reduce la sensación de aislamiento, un factor crítico en la formación a distancia, y aumenta la motivación y el compromiso con el curso.

- **Principios y habilidades comunicativas**: el conocimiento de las diferentes herramientas de comunicación usadas en la teleformación permite adaptar la tutoría al alumnado. Un/a tutor/a que domina estas herramientas puede personalizar su enfoque pedagógico para satisfacer las necesidades individuales de cada estudiante y de cada grupo, facilitando un aprendizaje más efectivo y personalizado.

Entre las herramientas más comunes, como ya hemos mencionado anteriormente, se incluyen los foros de discusión, los chats, la mensajería instantánea, las videoconferencias, el correo electrónico y las plataformas de gestión de aprendizaje (LMS). Cada una de estas herramientas tiene sus propias ventajas y puede ser utilizada de manera estratégica para maximizar el impacto educativo.

> **La comunicación debe ser constante por nuestra parte,** proporcionando *feedback* hacia el alumnado que le permita ir aumentando su nivel de aprendizaje y sentir apoyo y acompañamiento al mismo tiempo.

El *feedback* regular y constructivo es esencial para que los/as estudiantes comprendan su progreso, identifiquen áreas de mejora y se sientan motivados/as para continuar avanzando. Este *feedback* debe ser específico, claro y ajustado a cada estudiante en su desarrollo académico. Además, la comunicación continua ayuda a construir una relación de confianza entre tutores/as y alumnado, lo que favorece un entorno de aprendizaje positivo.

El uso adecuado de las herramientas de comunicación también implica la capacidad de responder rápidamente a las consultas y preocupaciones de los/as estudiantes. Una respuesta oportuna y adecuada no solo resuelve problemas de manera eficiente, sino que también demuestra a los/as estudiantes que su tutor/a está comprometido/a con su éxito y avance. Esto contribuye a crear un ambiente de apoyo y motivación constante.

Por otra parte, es importante trabajar en la interacción entre los/as estudiantes utilizando estas herramientas. La colaboración y el intercambio de ideas en foros y chats no solo enriquecen el aprendizaje individual, sino que también fortalecen la percepción de grupo. Más aún en este tipo de formación. Los/as estudiantes pueden aprender unos/as de otros/as, compartir experiencias y apoyarse mutuamente, lo que mejora su experiencia formativa en general. (Si quieren, claro está).

- **Principios de seguimiento y evaluación**: un seguimiento y evaluación profesional y rigurosa, exige el contraste de la información y su organización para conocer en cada momento en qué punto del temario se encuentra el alumnado y qué necesidades puede tener al respecto. Este enfoque nos supone el uso de métodos y herramientas sistemáticos para recopilar, analizar y utilizar datos sobre el progreso de los/as estudiantes. La precisión y la rigurosidad en la recolección de esta información son esenciales para poder ofrecer un apoyo efectivo y personalizado.

El seguimiento constante permite a los/as tutores/as identificar rápidamente si algún/a estudiante está teniendo dificultades con un tema específico y necesita ayuda adicional. Para ello, es fundamental utilizar una combinación de herramientas tecnológicas, como plataformas de gestión del aprendizaje (LMS), que proporcionen datos detallados sobre la participación y el rendimiento de los/as estudiantes. Estas plataformas pueden generar informes que ayuden a los/as tutores/as a monitorear el progreso de los/as estudiantes, identificar patrones de comportamiento y realizar intervenciones oportunas.

Figura 3.17. Seguimiento.

La evaluación científica del aprendizaje implica el uso de diferentes tipos de evaluaciones, tanto formativas como sumativas, para medir el conocimiento y las habilidades adquiridas por los/as estudiantes. Las evaluaciones formativas, como cuestionarios, tareas y actividades interactivas, permiten a los/as tutores/as obtener una visión continua del progreso del alumnado y proporcionar retroalimentación inmediata. Las evaluaciones sumativas, como exámenes y proyectos finales, ofrecen una medida más global del aprendizaje alcanzado al final de un periodo determinado.

Figura 3.18. Tutorizando virtualmente.

La organización adecuada de la información recopilada es necesaria para poder ofrecer un seguimiento efectivo. Los/as tutores/as deben ser capaces de acceder y revisar fácilmente los datos de los/as estudiantes, lo que les permitirá tomar decisiones apropiadas sobre cómo apoyar mejor a cada estudiante. Esta organización también facilita la identificación de tendencias y problemas comunes que pueden requerir ajustes en la metodología de enseñanza o en el contenido del curso dentro de la plataforma.

A MODO DE CONCLUSIÓN...

- Las plataformas de formación no son un recurso de «solo lectura». Estas plataformas están diseñadas para ser mucho más que un repositorio de información estática; son un recurso completo que ofrece espacios de interacción entre tutor/a y alumno/a. Estas herramientas interactivas permiten una comunicación bidireccional que enriquece el proceso educativo y fomenta un aprendizaje más dinámico y participativo.

- Las plataformas de formación incluyen diversas funcionalidades que facilitan la colaboración y el intercambio de ideas. Por ejemplo, los foros de discusión, los chats en tiempo real y las videoconferencias permiten a los/as estudiantes interactuar entre sí y con los/as tutores/as, plantear preguntas, debatir temas relevantes y recibir retroalimentación inmediata.

- Estas plataformas suelen incorporar herramientas para la realización de tareas y evaluaciones en línea, donde los/as estudiantes pueden enviar sus trabajos y recibir comentarios detallados de sus tutores/as. Estas funciones no solo ayudan a los/as estudiantes a entender mejor los conceptos, sino que también les permiten aplicar lo que han aprendido de manera práctica y recibir orientación sobre cómo mejorar.

- La capacidad de personalizar la experiencia de aprendizaje es otra de las características de las plataformas de formación. Los/as tutores/as pueden adaptar el contenido y las actividades según las necesidades y el progreso de cada estudiante, proporcionando un apoyo más individualizado. Esto es especialmente importante en entornos de aprendizaje en línea, donde la interacción personal cara a cara es limitada.

- Debemos conocer cómo es la plataforma que estamos utilizando y saber cómo resolver cualquier duda que nos plantee cualquiera de las personas que tengamos en el grupo clase. Tener un conocimiento profundo de la plataforma de formación es fundamental para garantizar una experiencia formativa efectiva. Los/as tutores/as deben estar completamente familiarizados con todas las funcionalidades y herramientas que ofrece la plataforma, desde la navegación básica hasta las características más avanzadas.

- Conocer la plataforma a fondo permite a los/as tutores/as guiar a los/as estudiantes de manera eficiente, ayudándoles a aprovechar al máximo los recursos disponibles. Esto incluye saber cómo acceder y utilizar los materiales de estudio, participar en foros, enviar tareas y utilizar herramientas de comunicación tanto síncronas como asíncronas.

- Un/a tutor/a bien informado puede anticipar y resolver problemas técnicos o de usabilidad que puedan surgir, minimizando interrupciones en el proceso de aprendizaje.

- Es necesario estar preparado/a para resolver cualquier duda que plantee el alumnado. Esto requiere no solo un conocimiento técnico de la plataforma, sino también habilidades de comunicación y empatía para entender y abordar las preocupaciones de los/as estudiantes. Al proporcionar respuestas claras y soluciones prácticas, los/as tutores/as pueden ayudar a los/as estudiantes a superar obstáculos y mantener su motivación y compromiso con el curso.

- La capacidad de resolver dudas rápidamente también contribuye a crear un ambiente de confianza y apoyo. Los/as estudiantes se sienten más seguros y avanzan mejor cuando saben que pueden contar con su tutor/a para obtener ayuda inmediata y eficaz. Sobre todo, en un entorno de aprendizaje en línea, donde la sensación de aislamiento puede ser un desafío significativo.

- La figura del/la alumno/a ha de estar en el centro de la formación *online*. En un entorno formativo virtual, es fundamental que todas las actividades, recursos y estrategias pedagógicas estén diseñadas pensando en las necesidades y el desarrollo del/la estudiante. Poner al alumno/a en el centro significa considerar sus intereses, estilos de aprendizaje y ritmo individual, asegurando que cada uno/a reciba el apoyo y la atención necesarios para alcanzar sus objetivos educativos.

- Nos tendremos que encargar de generar y fomentar la participación activa de todos/as ellos/as. Fomentar la participación activa es esencial para crear una experiencia de aprendizaje dinámica y efectiva. Los/as tutores/as deben diseñar actividades interactivas que inviten a los/as estudiantes a involucrarse activamente con los contenidos y con sus compañeros/as.

- Utilizar diversas estrategias de motivación para mantener a los/as estudiantes comprometidos con la acción formativa. Esto puede lograrse proporcionando retroalimentación constante y constructiva, reconociendo y celebrando los logros individuales y grupales, y creando un entorno de aprendizaje inclusivo y de apoyo. Los/as tutores/as deben estar atentos a las señales de desmotivación o desconexión del alumnado, interviniendo rápidamente para reengancharlos y mantener su interés.

- Al igual que en la formación presencial, nuestro propio estilo, método y/o metodología de trabajo en la plataforma de formación ha de estar presente e impregnar el desarrollo de la acción formativa. Esto significa que los/as tutores/as deben aplicar de manera consistente y coherente su enfoque pedagógico único, dentro del contexto del aprendizaje en línea. Cada tutor/a tiene su estilo particular de enseñanza que puede incluir técnicas específicas, estrategias de facilitación y métodos de evaluación que son efectivos y relevantes para los/as estudiantes.

■ No solo nos vamos a dedicar a corregir actividades y ejercicios, sino que fomentaremos la participación del alumnado, les orientaremos en sus necesidades formativas y profesionales, estableceremos procesos de comunicación habitual y continua, y realizaremos procesos de evaluación adaptados a los contenidos y capacidades que estemos trabajando, utilizando las herramientas apropiadas que nos proporcione la propia plataforma de formación.

■ Los procesos de evaluación deben adaptarse a los contenidos y capacidades específicas que se están trabajando en el curso. Utilizar las herramientas apropiadas proporcionadas por la plataforma de formación permite realizar evaluaciones formativas y sumativas que sean efectivas y relevantes para medir el aprendizaje de los/as estudiantes. Estas evaluaciones deben ser diseñadas con claridad y objetividad, proporcionando retroalimentación constructiva que guíe a los/as estudiantes hacia el logro de los objetivos de aprendizaje establecidos en la programación inicial.

ACTIVIDADES FINALES

A continuación, encontrarás algunas preguntas sobre la unidad que acabamos de trabajar, para que puedas comprobar el grado de conocimientos que has adquirido.

3.1.   ¿Qué es la teleformación?

3.2.   Menciona una plataforma utilizada para teleformación.

3.3.   ¿Qué es un tutor en línea?

3.4.   ¿Qué herramienta se usa para enviar correos electrónicos a los/as estudiantes?

3.5.   ¿Qué es un foro de discusión *online*?

3.6.   ¿Qué método de comunicación se utiliza cuando enseñamos a través de vídeos pregrabados?

3.7.   Menciona una estrategia para motivar a los/as estudiantes en un curso *online*.

3.8.   ¿Qué herramienta permite realizar videollamadas grupales para tutorías?

3.9.   ¿Qué es una evaluación *online*?

3.10.   Menciona una herramienta para crear presentaciones en línea.

Programas y herramientas informáticas para tutorizar al alumnado. Comunicación y evaluación en línea.

Este tema explora los programas y herramientas informáticas que facilitan la tutoría del alumnado en entornos virtuales. También se abordan las características del aprendizaje *online*, enfocado en la interacción y el seguimiento a distancia.

4.1. Características del aprendizaje *online*

La formación *online* ha modificado radicalmente la percepción que se tenía con respecto a la formación continua y complementaria de las personas.

Antes de contar con los recursos tecnológicos disponibles hoy en día, vivir en una localidad sin recursos formativos o educativos limitaba significativamente las oportunidades de aprendizaje y desarrollo personal. Gracias a la **evolución de la formación a distancia** (FAD) en sus inicios y a los avances tecnológicos posteriores, hemos llegado a la formación *online* y a la teleformación que encontramos hoy en día a través de Internet.

Actualmente, si deseamos realizar un curso específico relacionado con nuestra profesión, o por intereses personales, podemos realizar una búsqueda en la web y encontrar acciones formativas que se adapten a nuestras necesidades sin la obligación de desplazarnos a un centro formativo que podría estar a una distancia considerable, como, por ejemplo, a cincuenta o incluso cien kilómetros desde nuestro domicilio.

Este acceso flexible a la educación *online* ha democratizado el aprendizaje, eliminando barreras geográficas y permitiendo a las personas acceder a oportunidades educativas que antes podrían haber sido inaccesibles. No importa dónde vivamos, ahora tenemos la posibilidad de elegir entre una amplia gama de cursos y programas de formación que se ajusten a nuestro horario, ritmo de aprendizaje y de vida, y metas profesionales o personales.

La formación *online* no solo ofrece esa ventaja geográfica, sino también la flexibilidad temporal. Los/as estudiantes pueden aprender a su propio ritmo, accediendo a materiales educativos en cualquier momento y lugar con conexión a Internet. Esto es especialmente beneficioso para aquellos con horarios ocupados o responsabilidades familiares, quienes pueden organizar su tiempo de estudio de manera que se adapte a sus necesidades individuales.

El avance continuo de las plataformas y herramientas tecnológicas utilizadas en la formación *online* también ha mejorado la **calidad** y la **experiencia** de aprendizaje. Las interfaces intuitivas, de fácil aprendizaje de uso y manejo, las funciones interactivas y las herramientas de comunicación en tiempo real permiten una participación activa y un *feedback* inmediato entre estudiantes y tutores/as, enriqueciendo así el proceso formativo.

Las características básicas del aprendizaje *online* serían las siguientes:

1. **Implica distanciamiento físico**. En modalidad formativa, ni los/as docentes ni los/as estudiantes se encuentran en el mismo espacio físico. La interacción se realiza principalmente a través de dispositivos electrónicos y conexiones a Internet. Sin embargo, este distanciamiento no impide la retroalimentación constante y efectiva entre quienes participan en este proceso de enseñanzaaprendizaje.

A pesar de la separación física, la tecnología facilita múltiples formas de comunicación que permiten una interacción **dinámica** y **colaborativa**. Los/as estudiantes pueden recibir instrucción directa a través de videoconferencias en tiempo real, participar en debates y foros de discusión, y colaborar en proyectos grupales utilizando herramientas colaborativas en línea. Del mismo modo, los/as tutores/as pueden proporcionar retroalimentación personalizada a través de comentarios en línea, evaluaciones formativas y sesiones individuales virtuales.

La retroalimentación efectiva es crucial para el aprendizaje significativo en entornos *online*. Permite a los/as estudiantes comprender progreso a lo largo del curso, guiarlo y motivarles a alcanzar sus metas educativas. Los/as docentes, por su parte, utilizan la retroalimentación para ajustar y mejorar sus métodos de enseñanza, adaptándolos a las necesidades individuales de cada estudiante y asegurando la calidad del proceso educativo.

Además, el distanciamiento físico en el aprendizaje *online* promueve la autonomía y la responsabilidad entre los/as estudiantes. Al no depender de un horario fijo de clases presenciales, los/as estudiantes tienen la flexibilidad de gestionar su tiempo de estudio de acuerdo con sus propias circunstancias y ritmos de aprendizaje. Esta libertad fomenta la autoorganización y la autorregulación, habilidades fundamentales para el aprendizaje a lo largo de la vida y para el éxito en entornos laborales dinámicos.

Figura 4.1. Alumno *online*.

2. **La formación *online* es (debe ser) interactiva**. A diferencia de los métodos tradicionales de enseñanza donde la comunicación es principalmente unidireccional, la formación *online* fomenta la participación activa de los/as estudiantes a través de diversas herramientas y plataformas digitales. Este aspecto no solo mejora la experiencia educativa, sino que también promueve un aprendizaje más dinámico, significativo y colaborativo.

Tenemos que huir de la formación *online* estática. En la formación *online*, el hecho de poder utilizar un recurso tan potente como Internet tiene que manifestarse de forma patente. La interactividad conlleva que el alumnado tenga acceso a contenido multimedia interactivo, como vídeos explicativos, simulaciones y actividades prácticas, que les permitan explorar conceptos y aplicar conocimientos en tiempo real. Estas herramientas no solo captan el interés de los/as estudiantes, sino que también refuerzan la comprensión y retención de la información.

Las plataformas de aprendizaje *online* ofrecen oportunidades para la participación activa a través de sus herramientas de comunicación. Estos espacios permiten a los/as estudiantes debatir ideas, resolver problemas juntos/as y compartir perspectivas que enriquecen el proceso de aprendizaje. Los/as tutores/as, a su vez, pueden y deben moderar estas interacciones para que también se vea que ellos/as participan activamente e interactúan con las aportaciones del alumnado.

El carácter interactivo de la formación *online* también facilita la personalización del aprendizaje. Los/as estudiantes pueden avanzar a su propio ritmo, revisar el contenido según sea necesario y elegir actividades que se alineen con sus intereses y necesidades específicas. Esta flexibilidad promueve la autonomía y la autorregulación del aprendizaje, habilidades esenciales en un entorno educativo digital.

Por tanto, la interactividad no se limita solo a la comunicación entre estudiantes y tutores/as. También incluye la integración de herramientas de evaluación interactivas, como cuestionarios de autoevaluación, evaluaciones formativas en tiempo real y retroalimentación automatizada. Estas herramientas permiten a los/as estudiantes evaluar su progreso de manera continua y recibir orientación inmediata sobre puntos clave de su proceso de aprendizaje.

> La plataforma y los elementos que encontremos en ella han de crearse para ser tocados, para que el alumnado pueda interactuar con ella en cualquier forma y manera.

3. **Es accesible**. La formación *online* permite al alumnado acceder a los recursos formativos en cualquier momento, siempre y cuando dispongan de conexión a Internet y de un dispositivo tecnológico adecuado.

Tradicionalmente, se han utilizado los ordenadores portátiles o de sobremesa para acceder a los cursos *online*, pero en la actualidad también es posible utilizar tabletas y teléfonos móviles con conexión a Internet. Este acceso flexible a través de diferentes dispositivos garantiza que los/as estudiantes puedan participar en la formación *online* desde cualquier ubicación, ya sea desde su hogar, lugar de trabajo o incluso mientras se desplazan en un medio de transporte.

La independencia del lugar y la flexibilidad horaria son ventajas significativas que ofrecen los entornos de aprendizaje *online*, permitiendo a los/as estudiantes gestionar su tiempo de estudio de acuerdo con sus horarios personales y profesionales. Además de la variedad de dispositivos compatibles, la accesibilidad en la formación *online* también se refleja en la disponibilidad continua del contenido educativo. Los materiales de estudio, las actividades y las herramientas de comunicación están disponibles las veinticuatro horas del día, los siete **días de la semana, lo que permite a los/as estudiantes elegir el momento más conveniente para conectarse y participar en las actividades de aprendizaje. Esta flexibilidad es especialmente beneficiosa para aquellas personas con horarios irregulares o compromisos personales, sociales y familiares, que dificultan el acceso regular a la educación presencial.**

La accesibilidad en la formación *online* no solo se limita al acceso «físico» a los recursos formativos, sino que también incluye consideraciones de accesibilidad digital. Las plataformas de aprendizaje *online*, están diseñadas para ser accesibles para personas con diferentes tipos de discapacidad, garantizando que todos/as los/as estudiantes puedan navegar, interactuar y participar en el contenido educativo de manera equitativa e igualitaria.

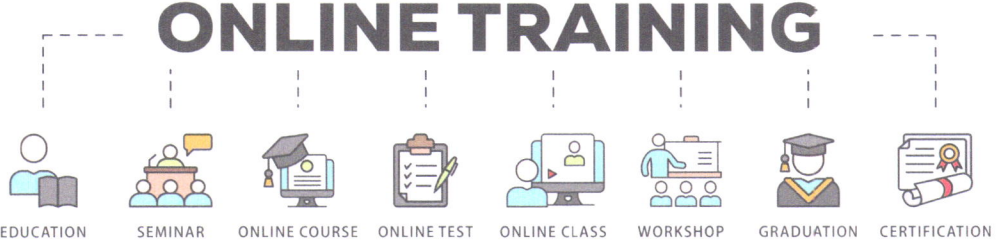

Figura 4.2. *Online training.*

4. **Promueve el aprendizaje independiente**. La formación *online* promueve el aprendizaje independiente, al enfocar al alumnado en las tareas que deben realizar *dentro* de la plataforma educativa. En la mayoría de los casos, este tipo de aprendizaje implica trabajos individuales, lo que fomenta que cada persona asuma la responsabilidad de completar las tareas asignadas y de gestionar su propio proceso de aprendizaje de manera autónoma.

Esta característica hacia el aprendizaje independiente es fundamental en entornos virtuales, donde los/as estudiantes tienen la libertad y la responsabilidad de estructurar su tiempo de estudio y cumplir con los objetivos académicos establecidos en un inicio. La plataforma formativa proporciona acceso a materiales de estudio, recursos didácticos y actividades interactivas que permiten a los/as estudiantes aprender a su propio ritmo y según sus necesidades individuales.

La naturaleza individual del aprendizaje *online* también fomenta la autorregulación y la autoevaluación. Los/as estudiantes deben gestionar su tiempo de manera efectiva, establecer metas de aprendizaje claras y monitorear su propio progreso a lo largo del curso. Esta capacidad de autocontrol no solo fortalece las habilidades de organización y gestión del tiempo, sino que también prepara a los/as estudiantes para asumir roles de liderazgo y responsabilidad en su desarrollo formativo y profesional.

El desarrollo del aprendizaje independiente en entornos *online* promueve la exploración y la iniciativa personal. Los/as estudiantes tienen la oportunidad de profundizar en temas de interés personal, buscar recursos adicionales y participar en actividades extracurriculares que enriquezcan su experiencia formativa. Esta autonomía en el aprendizaje no solo fomenta la curiosidad intelectual, sino que también promueve el desarrollo de habilidades de investigación y resolución de problemas que son aplicables en su vida diaria.

Figura 4.3. Aprendizaje autónomo.

5. **Utiliza herramientas de las nuevas tecnologías de la información y la comunicación (NTIC).** La formación *online* utiliza activamente herramientas de las nuevas tecnologías de la información y la comunicación, aprovechando medios digitales tecnológicos para enriquecer el proceso educativo. Este enfoque implica el uso de recursos audiovisuales y tecnológicos disponibles en la web, que facilitan la entrega de contenido educativo interactivo y dinámico.

Estos recursos no solo mejoran la experiencia de aprendizaje, sino que también fomentan la colaboración y la comunicación entre las personas participantes de la acción formativa. En la formación *online*, los materiales y recursos pueden incluir vídeos interactivos, presentaciones multimedia, simulaciones y contenidos en formato digital, accesibles desde cualquier dispositivo con conexión a Internet. Estos recursos permiten a los/as estudiantes explorar conceptos y aplicaciones prácticas de manera visual y cercana, mejorando la comprensión y la retención de la información.

Las plataformas de formación *online* suelen integrar enlaces a páginas web relevantes, bibliotecas digitales, bases de datos y recursos adicionales que enriquecen el aprendizaje y facilitan la investigación académica por parte del alumnado. Estos recursos están diseñados para complementar el contenido del curso y proporcionar a los/as estudiantes acceso a información actualizada y especializada en el campo de estudio que estemos trabajando.

Figura 4.4. NTIC en formación.

6. **Tiene un alcance masivo**. La formación *online* tiene un alcance masivo debido a su disponibilidad para todas las personas que tengan acceso a Internet. Este tipo de formación, elimina las barreras físicas y geográficas que limitan el acceso a la educación tradicional, permitiendo que un número casi ilimitado de personas puedan beneficiarse de los recursos educativos disponibles en la web.

Al tratarse de un recurso formativo que es accesible a través de Internet, la formación *online* llega a estudiantes de diversas ubicaciones geográficas y contextos socioeconómicos, proporcionándoles la oportunidad de acceder a programas educativos de alta calidad sin importar su ubicación. Hoy en día el uso de teléfonos móviles con conexión a Internet está prácticamente masificado en todas las áreas de la población independientemente de su edad.

Esto hace que las instituciones educativas y las empresas de formación lleguen a un público diverso y global. Los cursos y programas *online* pueden ser diseñados para atender las necesidades específicas de diferentes grupos demográficos, profesionales y culturales, adaptando el contenido y las metodologías de enseñanza para satisfacer sus intereses y expectativas educativas. La flexibilidad y la escalabilidad inherentes a la formación *online* también contribuyen a su alcance masivo. Los cursos pueden ser diseñados y ofrecidos en múltiples idiomas y adaptados a diferentes niveles de habilidad, capacidades y experiencias, ampliando así el acceso a la formación para una audiencia global.

Figura 4.5. Conexión *online*.

7. **Implica que la figura del/la tutor/a *online* realice tareas de apoyo y seguimiento real**. La figura del tutor/a *online* desempeña un papel crucial en esta formación, al ofrecer apoyo y seguimiento real a cada persona y grupo formativo. Estos/as tutores/as pueden asumir roles específicos como tutor/a de contenidos, dinamizador/a del aprendizaje o incluso combinar ambas funciones según las necesidades del curso y los/as estudiantes.

Como tutor/a de contenidos, ya hemos visto que la responsabilidad principal es guiar a los/as estudiantes a través del temario del curso, proporcionando explicaciones claras, recursos complementarios y resolviendo dudas relacionadas con el contenido educativo. Esta función asegura que los/as estudiantes comprendan los conceptos clave y puedan aplicarlos de manera efectiva en sus estudios y prácticas.

Por otro lado, como dinamizador/a del aprendizaje, también hemos visto que el/la tutor/a *online* fomenta la participación activa y la colaboración entre los/as estudiantes. Esto se logra mediante interacciones que no solo enriquecen el proceso de aprendizaje, sino que también cultivan un sentido de grupo y pertenencia entre los/as participantes.

La tutoría *online* implica un seguimiento cercano del progreso de los/as estudiantes, mediante la evaluación continua de sus actividades y el ofrecimiento de retroalimentación constructiva. Es importante destacar que la figura del/la tutor/a *online* está diseñada para crear una experiencia educativa que se asemeje lo máximo posible a la interacción y el apoyo que se encontraría en un entorno de aula presencial.

A través del entrenamiento y la práctica de técnicas de comunicación efectivas y el uso de herramientas digitales adecuadas, el/la tutor/a *online* establece una conexión significativa con los/as estudiantes, promoviendo un aprendizaje colaborativo y motivador.

Figura 4.6. Tutoría.

4.2. Herramientas de comunicación para la tutorización

> La comunicación es una condición inherente a la vida humana y a cualquier clase de relación social entre personas.

En el ámbito de la formación, la habilidad de los/as formadores/as para comunicarnos de manera efectiva es fundamental. No solo necesitamos ser buenos/as comunicadores/as, sino que también necesitamos ser capaces de establecer relaciones sólidas con nuestros/as alumnos/as. Esta capacidad facilita la transmisión de conocimientos y también juega un papel crucial en el proceso de enseñanzaaprendizaje, permitiéndonos guiar y apoyar a nuestros grupos en su camino hacia el aprendizaje.

> Un buen/a formador/a comprende la importancia de adaptar su enfoque educativo al nivel de conocimiento y comprensión inicial de su grupo.

Esto implica reconocer y respetar los conocimientos previos y la capacidad comprensiva de cada alumno/a. Al sintonizar con nuestros/as estudiantes desde el principio, podemos establecer una base sólida para construir nuevos conocimientos y habilidades, evitando así cualquier barrera inicial que pueda dificultar el aprendizaje.

> Debemos entender que adaptarnos al nivel inicial de nuestro alumnado **no** implica simplificar el contenido o reducir la calidad de nuestro discurso.

Más bien, significa comenzar desde donde están los/as estudiantes y guiarlos gradualmente hacia niveles más avanzados de comprensión y expresión para que puedan alcanzar los objetivos planteados en la programación de inicio. Esto no solo promueve un aprendizaje más efectivo y significativo, sino que también ayuda a que los/as estudiantes vayan desarrollando un vocabulario más rico en la materia, mejoren sus habilidades de expresión y fortalezcan su capacidad para comprender conceptos complejos dentro del contexto específico del contenido que se está enseñando.

Podríamos decir que la clave del éxito del trabajo que hacemos los/as formadores/as radica en nuestra capacidad para conectar con los/as estudiantes desde el principio, adaptando su enseñanza para cumplir con las necesidades individuales de aprendizaje.

> Para cumplir con las necesidades individuales de aprendizaje, tenemos a nuestra disposición tres tipos de comunicación humana que utilizamos a diario: verbal, no verbal y escrita.

Figura 4.7. Comunicación *online*.

Podemos empezar haciendo una sencilla clasificación de los elementos que empleamos en la comunicación habitual entre personas:

- **La palabra**: lo que decimos, el contenido, el lenguaje.
- **La voz**: *cómo lo decimos, el ritmo, el volumen, la dicción, la entonación, el paralenguaje.*
- **La comunicación no verbal**: lo que no decimos con palabras, pero comunicamos a través de nuestro cuerpo.

En nuestra labor como tutores/as de formación *online*, la mayoría de nuestras comunicaciones van a ser escritas por lo que debemos profundizar en este aspecto.

> Hoy en día, escuchamos casi a diario la frase de: «No hay tiempo para leer».

Hemos llenado nuestro día a día con tal cantidad de información, que prácticamente casi nadie lee lo que tiene a su alrededor. **Y, menos aún, con la intención de retenerlo o recordarlo.**

Nuestra cotidianidad se encuentra saturada de una cantidad abrumadora de información, lo cual ha llevado a una disminución significativa en la lectura profunda y la retención de conocimientos. Lo que ha influido directamente en aspectos clave del aprendizaje, como la lectura comprensiva.

Las nuevas tecnologías han revolucionado la manera en que accedemos y procesamos información y datos, ofreciendo un ingente almacén de información al alcance de nuestros dedos. Lo cual nos hace no «necesitar» recordarlo porque ya lo tenemos ahí, en nuestro teléfono, en nuestra *tablet*, en nuestro ordenador, en nuestro disco duro. Al final, afecta directamente a nuestra memoria a corto plazo. Si bien estos avances tecnológicos representan un logro increíble del ser humano y nos proporcionan una herramienta de un valor incalculable para nuestro cerebro, su uso indebido y su mal uso afectan negativamente a nuestra lectura comprensiva y también a nuestra capacidad de mantener la atención en diversas situaciones, llegando a chocar con tareas cotidianas a las que debemos prestar atención y a las que dejamos de lado.

En el contexto de la formación a distancia, esta realidad subraya la **importancia crítica** de una comunicación cuidadosamente cuidada y estructurada entre los/as tutores/as y los/as alumnos/as. Los/as tutores/as en cursos *online* deben ser conscientes de la necesidad de redactar y presentar la información **de manera clara y visualmente atractiva para sus estudiantes**. Esto implica no solo transmitir contenido, sino también asegurarse de que sea fácilmente accesible y comprensible en la plataforma de aprendizaje utilizada. Escribir para que sea leído. Esa sería la clave.

La comunicación escrita se convierte en un pilar fundamental del proceso educativo diario para cada alumno/a de formación *online*. Los/as tutores/as debemos dominar la habilidad de expresarnos de manera efectiva mediante textos claros y estructurados, que faciliten la comprensión y retención de la información por parte de los/as estudiantes. Esto incluye utilizar herramientas visuales, como gráficos, esquemas o recursos multimedia, para enriquecer la experiencia educativa y ayudar a los/as alumnos/as a absorber y recordar tanto la información que se les transmita, los datos, las fechas, los comentarios o los contenidos de manera más efectiva.

La comunicación escrita en entornos virtuales no solo debe ser clara, sino también motivadora y orientada al desarrollo de habilidades críticas como la lectura activa y la reflexión. Los/as tutores/as pueden fomentar el hábito de la lectura comprensiva al proporcionar material estimulante y relevante que invite a los/as estudiantes a explorar temas de interés y aplicar conceptos en contextos prácticos.

Figura 4.8. Tablón de anuncios.

Aquí hemos de cuidar, desde la guía del alumno/a, la redacción de las notas o avisos, explicaciones de las actividades, planteamiento de los temas de los foros y su moderación, normas y reglamentos para obtener las acreditaciones pertinentes, etc. Cada mensaje debe estar diseñado con el propósito de captar la atención y el compromiso de cada alumno/a. Es muy necesario que los/as tutores/as actúen como guías, asegurándose de que cada interacción escrita con el alumnado impulse su propio aprendizaje.

Toda comunicación escrita que el grupo de alumnos/as deba leer para alcanzar los objetivos planteados ha de estar redactada con la **intención** de que «sea leído por cada alumno/a».

Proporcionar material estimulante y relevante es clave para fomentar el hábito de esta lectura comprensiva. Los/as estudiantes deben sentirse atraídos por los temas tratados y ser capaces de aplicar conceptos trabajados durante el curso, en contextos prácticos relacionados con el mismo. Además, establecer normas claras y reglamentos precisos para la obtención de acreditaciones refuerza la seriedad y el compromiso del proceso educativo *online*.

Empecemos por distinguir entre dos términos que se utilizan habitualmente de forma sinónima pero que en realidad **no** lo son; estos son *informar* y *comunicar*.

¿Cuál es la diferencia?

■ **Informar**: es *transmitir ideas en un solo sentido, de forma **unilateral***. Es decir, en un sentido único desde el emisor al receptor. En esta forma de comunicación, el emisor transmite un mensaje que contiene datos o hechos que han sido recogidos, registrados o guardados previamente, independientemente de si serán utilizados o comunicados posteriormente.

La información se centra principalmente en proporcionar un conjunto de datos concretos y hechos ocurridos, sin necesariamente esperar una reacción o una respuesta inmediata por parte del receptor. Este tipo de comunicación es fundamental en contextos donde la precisión y la claridad son esenciales, ya que permite al receptor recibir conocimientos o estar al tanto de eventos relevantes sin la necesidad de una interacción activa con el emisor.

- **Comunicar**: se refiere al hecho mismo de transmitir esa información, ese mensaje, pero es un *proceso mediante el cual dos personas (o más) se ponen en contacto, intercambiado ideas, de una manera **bilateral***. A diferencia de la simple acción de informar, la comunicación establece un contacto interactivo donde las personas que participan en ella intercambian ideas y respuestas simultáneamente.

En este intercambio constante, el emisor transmite un mensaje al receptor, quien a su vez responde con sus propias ideas o comentarios, basados en la información recibida. Esta dinámica permite un intercambio continuo de roles. Cada persona asume el papel de emisor al expresarse y, simultáneamente, se convierte en receptor al recibir la respuesta de su interlocutor.

La comunicación no se limita únicamente a la transmisión de datos o hechos, sino que también involucra la interpretación y comprensión mutua de las ideas intercambiadas. Es un proceso fundamental para el entendimiento y la conexión interpersonal, donde la capacidad de escuchar y responder adecuadamente juega un papel fundamental en la construcción de un significado compartido.

En la comunicación verbal, la palabra desempeña un papel crucial

Como formadores/as, nuestra efectividad y éxito se basa en gran medida en la manera en que desarrollamos nuestros procesos de comunicación y en nuestra habilidad para comunicarnos de manera clara, precisa y efectiva con nuestro alumnado. No solo debemos dominar nuestro vocabulario tanto de forma oral como escrita, sino también ser conscientes de la importancia de nuestra comunicación no verbal al interactuar con nuestros grupos de alumnos/as.

Dentro del desarrollo de nuestras habilidades docentes, la habilidad comunicativa ha de ser una de las que más entrenemos y practiquemos, y desde nuestro rol como formadores/as, tenemos que ser capaces de ajustar nuestro lenguaje según las necesidades específicas de quienes nos rodean. Esto implica no solo adaptar el contenido y el estilo de nuestra comunicación, sino también entender y responder adecuadamente a las expectativas y niveles de conocimiento de nuestros alumnos/as.

Es básico que fomentemos y ayudemos a desarrollar las cuatro habilidades básicas del lenguaje en nuestros/as estudiantes:

- Escuchar activamente.
- Expresarse oralmente con claridad.
- Comprender textos escritos.
- Comunicarse efectivamente por escrito.

> Es habitual observar que muchos fracasos formativos pueden atribuirse a deficiencias en estas habilidades fundamentales, tanto en jóvenes estudiantes como en adultos que participan en programas de Formación Profesional para el Empleo (FPE).

Figura 4.9. Comunicación.

Como formadores/as, no solo compartimos conocimientos teóricos dentro de un aula o desde una plataforma de formación, también tenemos la responsabilidad de facilitar el desarrollo integral de nuestros/as alumnos/as, asegurándonos de que adquieran las competencias comunicativas necesarias para su éxito formativo y profesional, relacionado con la materia sobre la que estemos trabajando.

Además de tener un profundo dominio de los contenidos que enseñamos, debemos poseer la habilidad de adaptar nuestro lenguaje y nuestra metodología de enseñanza para maximizar el aprendizaje. Esto incluye las siguientes capacidades por nuestra parte:

- Saber seleccionar el vocabulario adecuado.
- Manejar eficientemente el tiempo en el aula.
- Expresarnos con claridad y concisión.
- Utilizar técnicas efectivas de síntesis y reformulación.

Estas habilidades docentes son decisivas para captar la atención de nuestros/as alumnos/as, mantener su interés y ayudar en la consecución de un aprendizaje significativo. La capacidad de comunicarnos de manera efectiva es uno de nuestros objetivos para crear un entorno formativo enriquecedor. Un entorno donde todas las personas participantes, tanto formadores/as como estudiantes, puedan sentirse motivados/as y acompañados/as en su proceso de aprendizaje y desarrollo personal y profesional.

Figura 4.10. Practicar habilidades docentes.

En los procesos de comunicación que establecemos con nuestros grupos de alumnos/as, influyen directamente aspectos que son totalmente ajenos a nuestra capacidad intelectual y a nuestros conocimientos teóricos sobre la materia que estamos impartiendo.

Aspectos como el ánimo del grupo, el día de la semana en el que estemos, las condiciones meteorológicas, las situaciones individuales de nuestros/as alumnos/as y del formador/a, la entonación empleada al dirigirnos al grupo, así como la habilidad para parafrasear, son elementos que influyen significativamente en el ambiente formativo. Aunque no estén directamente relacionados con los contenidos específicos que debemos enseñar o con nuestro dominio de esos temas, tienen un impacto profundo en la efectividad de nuestra enseñanza.

El ánimo general del grupo puede afectar a la receptividad que tengan hacia el proceso de aprendizaje, mientras que factores externos, como el clima, la época del año en la que estemos o situaciones personales que puedan tener, influirán en aspectos como su concentración y participación en las sesiones de clase. Como formadores/as, tenemos que ser conscientes de estos aspectos y adaptar nuestra comunicación y enfoque pedagógico en consecuencia.

Todos estos factores son variables no controladas y, como tales, debemos sencilla-mente afrontarlas y aceptarlas. No tenemos la obligación ni la responsabilidad de «combatirlas», sino de comprender que están ahí y que pueden interferir en nuestros procesos de enseñanzaaprendizaje. Lo que sí podemos hacer es trabajar para reforzar nuestras habilidades docentes y, sobre todo, desde el punto de vista comunicativo, man-tener una vía de comunicación abierta, sincera y efectiva con cada una de las personas que formen parte del grupo y con el grupo al completo para seguir trabajando porque consigan sus objetivos de aprendizaje.

Figura 4.11. Aprendiendo sin barreras.

Debemos tener en cuenta que aspectos de la comunicación verbal como la entonación que utilizamos al dirigirnos al grupo pueden transmitir entusiasmo, claridad y motiva-ción. De la misma manera, pueden influir en el aspecto contrario y transmitirles desidia, desinterés y mal humor. En ambos casos, este factor influirá en la comprensión y en la respuesta de nuestro alumnado. También la habilidad para parafrasear y reformular ideas y conceptos teóricos o prácticos puede facilitar una mejor comprensión y asimi-lación de los mismos por parte del grupo.

En cualquier caso, todos estos elementos, aunque no sean parte directa de los con-tenidos teóricos, ni de los apartados de una programación didáctica de una acción formativa, sí forman parte de las variables que ayudan o entorpecen la creación de un ambiente de aprendizaje positivo y enriquecedor. O un ambiente negativo y poco gratificante. Como formadores/as, nuestra capacidad para conocer, enfrentar y trabajar sobre estos aspectos contribuye significativamente al éxito formativo y al desarrollo de nuestros/as alumnos/as.

Por lo tanto, y dado que la **comunicación** es una de las múltiples habilidades sociales que podemos entrenar y forma parte de las habilidades docentes que mayor peso tiene en el desempeño de nuestra tarea profesional... **Entrenemos diariamente**.

Figura 4.12. Herramientas de comunicación.

Cuando hablamos de **comunicación escrita**, nos referimos a aquella que, en el momento de iniciarse, emisor y receptor no tienen necesariamente que coincidir en el espacio y en el tiempo, y que se desarrolla a través del envío de mensajes escritos entre ambos.

Esto hace que la retroalimentación inmediata y la comunicación no verbal no siempre estén disponibles para las personas que intervienen en este acto comunicativo. Por lo tanto, es prioritario que *el emisor preste especial atención al redactar el mensaje* para asegurarse de que *el receptor comprenda correctamente el sentido y la intención detrás de las palabras*.

A diferencia de la comunicación escrita en tiempo real, como la mensajería instantánea o los chats en plataformas, nos centramos aquí en los mensajes que se dejan o se envían para que sean leídos en momentos posteriores. Este tipo de comunicación requiere una mayor consideración en la redacción, ya que no hay interacción directa para aclarar dudas o interpretaciones erróneas de inmediato.

> La habilidad para transmitir ideas de manera clara y precisa es fundamental en la **comunicación escrita asíncrona.**

El emisor debe utilizar un lenguaje claro y accesible, estructurando el mensaje de manera que facilite la comprensión y evite malentendidos. Esta forma de comunicación escrita juega un papel crucial en diversos contextos, desde la educación hasta el ámbito profesional, donde la efectividad de la comunicación puede influir significativamente en los resultados y en la relación entre las personas involucradas en ese proceso comunicativo.

Figura 4.13. Foros *online*.

Las principales **características** de la comunicación escrita son:

- Se usan letras, tildes y signos de puntuación para construir el mensaje.

- Es más reflexiva, organizada y elaborada que la comunicación verbal.

- Está construida de manera precisa.

- Es permanente y diferida.

- La relación que se establece entre emisor y receptor es unilateral en cada mensaje.

Principalmente, escribimos para comunicarnos, por lo tanto, deberíamos escribir para la persona a la que le dirigimos el mensaje, ¿no?

El acto de escribir un mensaje para otra persona tiene como propósito fundamental la comunicación entre ambas personas. Esta idea nos ayuda a reflexionar sobre el hecho de que lo que pretendemos con nuestra comunicación escrita es dar con la forma de establecer un tipo de comunicación efectiva, seleccionando cuidadosamente el lenguaje, las expresiones y las palabras más adecuadas para asegurar la claridad y evitar malentendidos en nuestra comunicación con nuestro grupo de alumnos/as.

Como formadores/as, es esencial que planifiquemos con antelación lo que vamos a escribir, especialmente al enviar mensajes a nuestros/as alumnos/as. Cada texto que redactemos debe seguir una estructura básica que incluya una introducción clara, un cuerpo principal donde se desarrollen las ideas clave y una conclusión o despedida que refuerce el mensaje transmitido. Esta estructura simple proporciona coherencia y facilita la comprensión por parte del receptor.

La habilidad para organizar y estructurar nuestros mensajes de manera efectiva no solo mejora la calidad de nuestra comunicación escrita, sino que también fortalece nuestra capacidad como formadores/as para transmitir información de manera clara y persuasiva. Al desarrollar esta habilidad, aseguramos que nuestros mensajes sean recibidos de manera efectiva y contribuyan positivamente al proceso formativo.

Figura 4.14. Mensajes escritos.

A la hora de redactar textos dirigidos a nuestros/as alumnos/as, hemos de tener en cuenta algunas **normas básicas**:

- Utilizar palabras expresivas.
- Emplear palabras conocidas, capaces de ser comprendidas fácilmente.
- Elegir palabras adecuadas al destinatario/a de nuestro mensaje.
- Procurar no repetir palabras, sino utilizar sinónimos.
- Emplear frases cortas para que sean mejor comprendidas.
- Respetar las normas gramaticales.
- Evitar los detalles excesivos que pueden resultar redundantes.
- Construir oraciones que tengan una idea principal únicamente.
- Utilizar oraciones positivas, en lugar de negativas.
- Escribir con la intención de ser entendidos por la otra persona.
- Escribir con la intención de contar algo que sea interesante, para que se lea.

Figura 4.15. Comunicación escrita.

Deberíamos tener en cuenta que la causa más frecuente de conflictos entre los seres humanos tiene su origen en una mala comunicación.

La comunicación ineficaz puede generar malentendidos, frustraciones y, en última instancia, conflictos que podrían haberse evitado con una mejor transmisión de la información. Esto se debe a que, en el proceso de comunicarse, el mensaje puede **distorsionarse** a través de diversas barreras que interfieren con su claridad y precisión.

Estas barreras pueden ser **físicas, psicológicas, culturales** o incluso **lingüísticas**, y cada una de ellas puede contribuir a la confusión.

> Cuando hablamos de comunicación escrita, estas barreras pueden ser aún más difíciles de sortear que en la comunicación verbal o en la no verbal.

En la comunicación escrita, la falta de elementos no verbales, como el tono de voz, las expresiones faciales, el ritmo, la velocidad y los gestos, limita nuestra capacidad de transmitir emociones e intenciones de manera completa. Por esta razón, los mensajes escritos requieren una atención especial a la claridad y la precisión del lenguaje utilizado. Es crucial anticipar posibles interpretaciones erróneas y estructurar nuestros mensajes de manera que minimicen las ambigüedades o malentendidos.

Para evitar estos errores de comprensión en la comunicación escrita, es fundamental considerar el contexto del receptor, utilizar un lenguaje claro y directo, y estructurar el mensaje de manera lógica y coherente. Además, siempre que sea posible, es útil proporcionar ejemplos o explicaciones adicionales que puedan ayudar a clarificar el mensaje y ayudar a que el receptor lo interprete correctamente.

Figura 4.16. Mensajes a través de la red.

En general, podríamos hablar de **tres tipos de barreras dentro de la comunicación humana**:

- **Ambientales**: las barreras ambientales en la comunicación se refieren a los elementos físicos del entorno que nos rodean, y, aunque pueden parecer impersonales, tienen un impacto significativo en la calidad de nuestra comunicación. Estas barreras pueden abarcar desde factores que causan incomodidad física hasta distracciones visuales, interrupciones y ruidos que interfieren con la transmisión y recepción de mensajes.

Por ejemplo, un aula con una temperatura demasiado elevada o demasiado baja puede dificultar la concentración tanto del emisor como del receptor, afectando negativamente a la comunicación. De manera similar, la iluminación inadecuada, ya sea muy brillante o muy tenue, puede causar fatiga visual y reducir la capacidad de los participantes para enfocarse en la conversación.

Tanto las distracciones visuales, como el que haya personas moviéndose constantemente, pantallas encendidas o elementos decorativos llamativos, pueden desviar la atención de los/as interlocutores/as y hacer que se pierdan partes cruciales del mensaje. Las interrupciones frecuentes, ya sea por personas que entran y salen del lugar o por llamadas telefónicas, también rompen el flujo de la comunicación y pueden llevar a malentendidos o a la necesidad de repetir información.

El ruido es otra barrera ambiental relevante. Esto incluye no solo los sonidos fuertes y constantes, como el tráfico, ruido de construcción o de uso de maquinaria, sino también los ruidos de fondo persistentes, como el murmullo de conversaciones cercanas, música alta o el zumbido de aparatos electrónicos. Estos ruidos pueden dificultar la audición clara y la comprensión del mensaje, obligando a los/as participantes a esforzarse más para entenderse, lo que a su vez puede provocar fatiga, enfado y frustración.

Figura 4.17. Barrera ambiental.

Para minimizar el impacto de estas barreras ambientales, es esencial tomar medidas proactivas.

Esto puede incluir la selección de entornos adecuados para la comunicación, asegurando que sean cómodos, bien iluminados y libres de distracciones. También es útil establecer normas claras sobre las interrupciones y controlar el nivel de ruido en la medida de lo posible. Al ser conscientes de estas barreras y trabajar para mitigarlas, podemos mejorar significativamente la efectividad de nuestra comunicación y reducir la posibilidad de malentendidos.

- **Verbales**: las barreras verbales en la comunicación están relacionadas directamente con la forma en que las personas nos expresamos al hablar. Estas barreras pueden manifestarse de diversas maneras y afectar significativamente a la claridad y la efectividad del mensaje.

Por ejemplo, cuando alguien habla muy rápido, puede resultar difícil para el receptor seguir el ritmo y comprender completamente lo que se está diciendo. La velocidad excesiva en el habla puede causar que las palabras se mezclen, se omitan detalles importantes y se genere confusión.

La falta de claridad en la explicación de conceptos o instrucciones también constituye una barrera verbal. Cuando el emisor no explica bien las cosas, utiliza terminología confusa o se desvía del tema, el receptor puede tener dificultades para entender el mensaje. Esto puede llevar a malentendidos y errores en la interpretación de la información transmitida.

Otro ejemplo evidente de barrera verbal es la comunicación entre personas que hablan diferentes idiomas. La barrera lingüística es obvia en estos casos, ya que la falta de una lengua común impide la comprensión mutua. Sin embargo, las barreras verbales también pueden ocurrir cuando hablamos con alguien en nuestro propio idioma. Las diferencias en dialectos, acentos regionales, jergas o incluso el uso de tecnicismos específicos de una profesión pueden dificultar la comprensión, aunque ambos interlocutores hablen el mismo idioma.

Figura 4.18. Barreras en la comunicación.

Otra forma en que las barreras verbales pueden surgir es cuando el lenguaje utilizado no está adaptado al nivel de conocimientos del receptor. Por ejemplo, un experto en un campo específico puede utilizar términos técnicos y complejos al hablar con alguien que no está familiarizado con ese campo, lo que puede acabar en una comunicación ineficaz. Es necesario adaptar el lenguaje y las explicaciones al nivel de comprensión del receptor para asegurar una comunicación clara y efectiva. Esto ya lo sabemos.

Así que, para superar estas barreras verbales, es importante ser consciente de quienes son las personas con las que estamos hablando y ajustar el estilo de comunicación en consecuencia. Hablar a un ritmo adecuado, utilizar un lenguaje claro y sencillo, y explicar los conceptos de manera estructurada y lógica son estrategias clave para mejorar la comunicación. Además, pedir retroalimentación y verificar la comprensión del receptor puede ayudar a identificar y corregir cualquier malentendido de manera oportuna ante esta barrera.

- **Interpersonales**: las barreras interpersonales en la comunicación van más allá de las palabras que se utilicen o el lenguaje que se emplee. Estas barreras están profundamente arraigadas en las relaciones y dinámicas entre las personas involucradas en ese proceso comunicativo. Se refieren principalmente a las *suposiciones* incorrectas y las diferentes *percepciones* que podemos desarrollar ante un mensaje que no nos gusta o que interpretamos de forma errónea.

Las barreras interpersonales también se manifiestan cuando los/as receptores interpretan un mensaje de manera negativa debido a sus propios prejuicios o emociones. Por ejemplo, si alguien recibe un comentario en un momento en que se siente estresado/a o inseguro/a, es más probable que interprete el comentario de manera negativa, independientemente de la intención real del emisor. Por tanto, las emociones juegan un papel fundamental en la interpretación de los mensajes y pueden distorsionar la comunicación de manera significativa.

Para superar estas barreras interpersonales, es vital fomentar una comunicación abierta y honesta entre las personas. Esto incluye pedir clarificaciones cuando no estamos seguros del significado de un mensaje y evitar hacer suposiciones apresuradas. También es importante ser conscientes de nuestras propias percepciones y emociones, y de *cómo estas pueden influir en nuestra interpretación de los mensajes. La empatía y la escucha activa* son herramientas esenciales para mejorar la comprensión mutua y reducir las barreras interpersonales.

Además, trabajar en el desarrollo de habilidades de comunicación emocional e interpersonal puede ayudar a manejar las reacciones personales y a mantener una comunicación más efectiva con las demás personas. Reconocer y validar las emociones tanto propias como ajenas puede facilitar un entorno de comunicación más positivo y colaborativo, y esto redundará en una reducción de los posibles conflictos comunicativos con las personas a nuestro alrededor.

Dentro de las barreras interpersonales, **las más representativas** son las siguientes:

- **Las suposiciones**. Son ideas o creencias que aceptamos como verdaderas sin contar con la confirmación necesaria que las respalde.

  Esta barrera puede surgir de nuestras experiencias previas, prejuicios o simplemente de nuestra interpretación personal de una situación. Tanto si nuestras suposiciones resultan ser correctas como incorrectas, **representan una barrera significativa en la comunicación humana**, ya que impiden el flujo correcto de la información y pueden llevar a malentendidos y conflictos.

  Cuando hacemos suposiciones, operamos bajo un conjunto de creencias no verificadas que afectan a nuestra percepción y a nuestra respuesta hacia los mensajes que recibimos. Por ejemplo, podríamos suponer que alguien no está interesado en nuestra conversación porque no establece contacto visual con nosotros/as, cuando, en realidad, podría estar perfectamente concentrado/a en lo que estamos diciendo o simplemente ser una persona tímida que no puede mantener un contacto visual prolongado. Estas suposiciones pueden llevarnos a conclusiones erróneas y respuestas inapropiadas, dificultando la comunicación efectiva.

Figura 4.19. Problemas de comunicación.

> Una de las principales razones por las que las suposiciones actúan como barreras en la comunicación humana es que nos llevan a interpretar los mensajes a través de un filtro de expectativas **no verificadas.**

Esto significa que, en lugar de escuchar activamente y buscar claridad en lo que nos están contando, podemos reaccionar basándonos en nuestras propias interpretaciones y no en lo que realmente se está comunicando. Esto no solo distorsiona el mensaje original, sino que también puede provocar respuestas emocionales intensas que complican aún más la interacción.

Por si esto fuera poco, **las suposiciones pueden crear un ciclo de malentendidos**. Si una persona asume algo sobre la otra sin verificarlo y actúa en consecuencia, esto puede llevar a la otra persona a hacer sus propias suposiciones y reaccionar de acuerdo con ellas. Este ciclo puede continuar indefinidamente, aumentando el nivel de los conflictos y alejando a las personas de una comunicación clara y honesta.

Para superar las barreras creadas por las suposiciones, es esencial practicar la comunicación abierta y la verificación de información. En lugar de asumir, debemos hacer preguntas aclaratorias y buscar confirmaciones.

Por ejemplo, en lugar de asumir que alguien no está interesado/a en nuestra conversación, podríamos preguntarle directamente cuando estemos notando esa sensación: «*¿No te resulta interesante este tema?*» o «¿Hay otra cosa de la que preferirías hablar?». Este enfoque no solo elimina las suposiciones, sino que también demuestra respeto y consideración por la perspectiva del/la otro/a.

También podríamos tener en cuenta la autoconciencia. Es decir, ser capaces de reconocer cuándo estamos haciendo suposiciones nos permite dar un paso atrás y reconsiderar nuestra interpretación de la situación. Al ser conscientes de nuestras propias tendencias a asumir, podemos trabajar activamente para detener este hábito y reemplazarlo con una comunicación más efectiva y empática.

- La **percepción** es lo que la persona **ve, oye e interpreta** sobre algo. Es nuestro punto de vista sobre una información recibida. Es un proceso complejo y, como tal, puede variar significativamente de una persona a otra. La percepción se reproduce en todos los tipos de comunicación humana: en la verbal, en la no verbal y en la escrita, afectando a la manera en que interpretamos y respondemos a los mensajes.

En la comunicación verbal, la percepción puede influir en cómo interpretamos el tono de voz, el énfasis en ciertas palabras y las pausas en el discurso. Por ejemplo, un comentario que para una persona puede parecer sarcástico, para otra puede sonar completamente serio, dependiendo de su percepción individual. Este fenómeno se debe a que cada persona filtra la información a través de sus propias experiencias, emociones y expectativas. Así, dos personas pueden escuchar las mismas palabras, pero entender mensajes muy diferentes.

La comunicación no verbal también está sujeta a la influencia de la percepción. Los gestos, las expresiones faciales, el lenguaje corporal y la postura pueden ser interpretados de diversas maneras según el contexto y la experiencia del receptor. Una sonrisa puede ser percibida como genuina y amigable, o como forzada y sarcástica, dependiendo de cómo el receptor interpreta las señales no verbales de esa persona. Esta subjetividad en la interpretación puede generar malentendidos y complicar la comunicación.

En la comunicación escrita, la percepción juega un papel igualmente relevante. Sin el apoyo de las señales verbales y no verbales, los/as lectores/as deben confiar únicamente en las palabras escritas para interpretar el mensaje. La elección de palabras, la puntuación y la estructura del texto pueden ser interpretadas de manera diferente por cada lector/a. Un correo electrónico que pretende ser directo y profesional puede ser percibido como brusco o incluso agresivo por algunas personas, dependiendo de su percepción individual.

Figura 4.20. Entrenar la comunicación.

> La percepción está profundamente influenciada por factores personales como la cultura, el contexto social, las experiencias pasadas y las emociones presentes.

Por ejemplo, alguien que ha tenido experiencias negativas previas en un entorno específico puede interpretar los mensajes en ese contexto de manera más crítica o defensiva. Del mismo modo, las emociones pueden alterar nuestra percepción. Cuando estamos enfadados/as o estresados/as, es más probable que interpretemos los mensajes que recibimos de manera negativa.

Para superar las barreras de percepción en la comunicación, es esencial desarrollar una mayor conciencia de cómo estas pueden influir en la interpretación de los mensajes. La práctica de la escucha activa, que implica prestar atención completa al emisor, hacer preguntas clarificadoras y parafrasear el mensaje para asegurar la comprensión, puede ayudar a reducir los malentendidos. Además, ser consciente

Figura 4.21. Herramientas entorno virtual.

de las posibles percepciones de los demás y esforzarse por ser claro/a y preciso/a en la comunicación puede minimizar las interpretaciones erróneas por nuestra parte.

Por tanto, será imprescindible que tengamos en cuenta estas posibles barreras a la hora de dirigirnos a nuestro alumnado, para poner todo lo que esté en nuestra mano, intentando conseguir una comunicación clara, concisa y que no dé lugar a malentendidos. Al ser conscientes de las barreras ambientales, verbales e interpersonales, podremos anticiparnos a los problemas que puedan surgir y tomar medidas preventivas para garantizar que nuestra comunicación sea lo más efectiva posible.

> Dentro de la formación *online*, disponemos de herramientas de comunicación más que suficientes para paliar estos posibles malentendidos y problemas. Estas herramientas, si se utilizan correctamente, pueden mejorar significativamente la interacción entre formadores/as y alumnos/as, creando un entorno de aprendizaje más inclusivo y efectivo.

Disponemos tanto de herramientas de comunicación **síncrona**, como **asíncrona**, cada una con sus propias ventajas y aplicaciones.

Las herramientas de comunicación síncrona, como las videoconferencias, los chats en tiempo real y las llamadas de voz, permiten una interacción comunicativa inmediata y directa. Estas herramientas son ideales para resolver dudas al instante, ofrecer explicaciones detalladas y fomentar la participación activa de los/as estudiantes. Las videoconferencias, por ejemplo, permiten a los/as formadores/as utilizar el lenguaje no verbal, como gestos y expresiones faciales, para complementar nuestras palabras y asegurar que el mensaje se entienda correctamente. Los chats en tiempo real pueden ser muy útiles para discusiones rápidas y dinámicas, permitiendo a los/as estudiantes interactuar entre sí y con el/la formador/a de manera ágil.

Por otro lado, *las herramientas de comunicación asíncrona*, como los correos electrónicos, los foros de discusión y los mensajes en tablones de anuncios en las plataformas de formación, ofrecen la ventaja de permitir a los/as estudiantes acceder a la información en el momento en que tengan tiempo para revisarlos. Estas herramientas son especialmente útiles para aquellas personas que tienen horarios complicados o que no coincidan con el periodo de tiempo en el que el/la tutor/a esté conectado/a.

Los correos electrónicos nos permiten una comunicación detallada y reflexiva, donde tanto el emisor como el receptor pueden tomarse el tiempo necesario para elaborar y entender el mensaje. Los foros de discusión fomentan el intercambio de ideas y experiencias entre estudiantes y tutores/as, creando una comunidad de aprendizaje activa y colaborativa.

En cualquier caso, **todas estas herramientas estarán presentes en las plataformas de formación**, por lo tanto, será nuestra responsabilidad conocerlas y saber utilizarlas adecuadamente. Como formadores/as, debemos familiarizarnos con las funcionalidades y características de cada herramienta, entender cuándo y cómo utilizarlas de manera efectiva y estar preparados para adaptar nuestras estrategias de comunicación según las necesidades de nuestros/as estudiantes. Esto implica no solo dominar el aspecto técnico de las herramientas, sino también desarrollar una comprensión profunda de cómo pueden ser utilizadas para mejorar la interacción y el aprendizaje.

Además, es importante mantener una actitud abierta y flexible, estar dispuestos a recibir *feedback* y ajustar nuestras prácticas de comunicación en función de las respuestas y necesidades de los/as estudiantes. Fomentar un entorno donde nuestro alumnado se sienta cómodo para expresar sus dudas y opiniones y asegurarnos de que nuestras respuestas sean claras y comprensibles es clave para minimizar las barreras de comunicación y tratar de conseguir un aprendizaje efectivo.

Figura 4.22. Un blog es un ejemplo de comunicación asíncrona.

¿EN CONCRETO, QUÉ HERRAMIENTAS SON ESTAS?

Herramientas de comunicación **síncrona** son aquellas que nos permiten comunicarnos en el mismo tiempo y de forma inmediata con nuestro alumnado, sin tener que estar compartiendo el mismo espacio necesariamente. Estas herramientas son esenciales en la formación *online*, ya que facilitan una interacción directa y en tiempo real, similar a la que se puede tener en un aula presencial.

Las videoconferencias son una de las herramientas síncronas más utilizadas. Plataformas como Zoom, Microsoft Teams, BigBlueButton o Google Meet permiten a los/as formadores/as y estudiantes verse y escucharse en tiempo real, creando un entorno de aprendizaje virtual que puede incluir presentaciones, discusiones y actividades grupales. La capacidad de compartir pantalla y utilizar pizarras digitales en estas plataformas enriquece la experiencia educativa, permitiendo a los/as formadores/as ilustrar conceptos complejos y a los/as estudiantes interactuar de manera dinámica.

Los chats en tiempo real, presentes en muchas plataformas de formación, son otra herramienta crucial. Estos permiten una comunicación rápida y fluida, ideal para resolver dudas al instante, hacer aclaraciones sobre el contenido del curso o coordinar actividades. Los chats pueden ser utilizados tanto en sesiones de clase en vivo como en momentos fuera de las sesiones programadas, proporcionando un canal continuo de comunicación entre formadores/as y estudiantes.

Las llamadas de voz también forman parte de las herramientas de comunicación síncrona. Aunque menos utilizadas que las videoconferencias, pueden ser muy efectivas en situaciones donde el ancho de banda es limitado o cuando se requiere una comunicación rápida sin la necesidad de vídeo. Las llamadas de voz permiten una conexión personal y directa, útil para tutorías individuales o para resolver problemas específicos.

Figura 4.23. Comunicación síncrona.

Existen herramientas más interactivas y colaborativas, como las pizarras virtuales y los entornos de trabajo compartido en tiempo real, como Google Docs o Microsoft OneNote. Estas herramientas permiten a los/as estudiantes y formadores/as trabajar juntos en documentos, presentaciones o proyectos, fomentando la colaboración y el aprendizaje activo. La posibilidad de editar y comentar en tiempo real hace que estas herramientas sean valiosas para actividades grupales y para la construcción conjunta del conocimiento.

El uso de estas herramientas síncronas requiere no solo un conocimiento técnico de su funcionamiento, sino también habilidades pedagógicas para integrarlas de manera coherente en el proceso de enseñanzaaprendizaje. Los/as formadores/as deben planificar cómo y cuándo utilizar estas herramientas para maximizar su impacto. Por ejemplo, las videoconferencias pueden ser utilizadas para lecciones magistrales, mientras que los chats en tiempo real pueden ser más adecuados para sesiones de preguntas y respuestas rápidas.

Otro aspecto que se debe tener en cuenta es la accesibilidad. Es crucial asegurarse de que todos/as los/as estudiantes tengan acceso a las herramientas necesarias y sepan cómo utilizarlas. Proporcionarles tutoriales y soporte técnico puede ayudar a que todos/as los/as participantes se sientan cómodos/as y capaces de aprovechar al máximo las herramientas de comunicación síncrona.

Figura 4.24. Llamada de teléfono.

Herramientas de comunicación **asíncrona** son aquellas que nos permiten comunicarnos con nuestro alumnado de forma diferida en el tiempo y que, por este mismo motivo, se pueden revisar en cualquier momento y sin necesidad de estar en el mismo espacio ni en el mismo tiempo. Estas herramientas son fundamentales en la formación *online*, ya que proporcionan flexibilidad tanto para los/as estudiantes como para los/as formadores/as, permitiendo que la interacción y el aprendizaje se adapten a los horarios de cada participante.

Una de las herramientas de comunicación asíncrona más comunes es el correo electrónico. El correo electrónico permite enviar mensajes detallados y estructurados que los/as destinatarios/as pueden leer y responder en su propio tiempo. Es especialmente útil para enviar información importante, instrucciones detalladas y para mantener un registro escrito de las comunicaciones que mantengamos con nuestro alumnado. Los correos electrónicos facilitan la posibilidad de una reflexión cuidadosa antes de responder, lo que puede llevar a una comunicación más precisa y acertada.

Otra de las herramientas de comunicación asíncrona son los foros de discusión. Los foros permiten a los/as estudiantes y formadores/as participar en debates y compartir ideas de manera estructurada y organizada. En un foro los/as participantes pueden leer las contribuciones de otros/as, reflexionar sobre ellas y responder cuando lo deseen. Este formato fomenta la reflexión profunda y el intercambio de ideas, ya que no está limitado por el tiempo. Los foros también permiten a los/as estudiantes que pueden sentirse más retraídos/as en un entorno de tiempo real, expresar sus pensamientos y participar activamente en la discusión, puesto que no están sometidos a la inmediatez de las respuestas.

Las plataformas de aprendizaje, como Moodle o Blackboard, ofrecen una variedad de herramientas asíncronas, como blogs, wikis y tablones de anuncios. Los blogs permiten a los/as estudiantes y formadores/as publicar entradas sobre diversos temas, que luego pueden ser leídas y comentadas por otros/as. Las wikis facilitan la creación colaborativa de contenido, donde los/as estudiantes pueden trabajar juntos/as para construir y editar páginas de información. Los tablones de anuncios son útiles para publicar avisos importantes, fechas límite y otros mensajes que los/as estudiantes pueden consultar en cualquier momento.

Figura 4.25. Correo electrónico.

Las tareas y actividades asignadas a través de estas plataformas también son una forma de comunicación asíncrona. Los/as estudiantes pueden descargar materiales, completar sus trabajos y subirlos en el momento que les resulte más conveniente. Esto permite a los/as formadores/as proporcionar retroalimentación detallada y específica sobre el trabajo de cada estudiante, lo que contribuye a un proceso de aprendizaje más personalizado.

Los vídeos pregrabados y las presentaciones en línea son herramientas asíncronas valiosas. Los/as formadores/as pueden grabar sus explicaciones y subirlas a la plataforma de formación, permitiendo que los/as estudiantes las vean y revisen tantas veces como necesiten. Esto es particularmente útil para explicar conceptos complejos que pueden requerir una revisión repetida. Los vídeos y las presentaciones también pueden incluir elementos interactivos, como cuestionarios y enlaces a recursos adicionales, que enriquecen el proceso de aprendizaje.

El uso efectivo de estas herramientas requiere una planificación cuidadosa y una consideración de las necesidades y preferencias de los/as estudiantes. Es importante que los/as formadores/as sean claros/as y específicos/as en sus instrucciones y que proporcionen materiales y recursos que sean fácilmente accesibles y comprensibles. También es esencial establecer expectativas claras sobre la participación y el cumplimiento de las tareas, y proporcionar retroalimentación regular para mantener a los/as estudiantes motivados y comprometidos.

Figura 4.26. Herramientas para comunicarnos.

Las **herramientas más representativas**, por lo tanto, serían las siguientes:

■ Herramientas de comunicación **síncrona**:

— Videoconferencias

— Videollamadas

— Mensajería instantánea*

— Chats

— Llamadas telefónicas

■ Herramientas de comunicación **asíncrona**:

— Correo electrónico

— Foros

— Blogs

— Wikis

— Mensajería instantánea*

---

* La mensajería instantánea, a pesar de denominarse de esta forma, es permanente en el tiempo. Es decir, podemos escribir a un/a alumno/a a través de esta herramienta, pero no tiene por qué respondernos en ese mismo momento si no está conectado/a a la plataforma. Pero el mensaje no desaparece, tal y como sí ocurre con los chats. El mensaje se queda grabado en la plataforma, para que ese/a alumno/a pueda consultarlo desde su cuenta personal cuando acceda a la plataforma de formación. Por ese motivo, podemos incluirla tanto como herramienta síncrona como asíncrona al mismo tiempo.

Figura 4.27. Interconexiones.

4.3. La evaluación en línea

Al igual que con la educación, en el momento de enfrentarnos al proceso de evaluación, debemos empezar por las mismas tres preguntas: ¿qué, cómo y cuándo evaluar?

Aunque, de forma general, la evaluación no es algo que nos guste a las personas que debemos superarla, realmente es uno de los elementos fundamentales dentro de un proceso de enseñanzaaprendizaje. ¿Por qué?

Porque necesitamos valorar si se han conseguido o no los objetivos que se han ido proponiendo en una programación.

Y al igual que en la formación presencial, en la formación *online* también podemos utilizar herramientas de evaluación **cuantitativa** y **cualitativa**.

Puesto que se evalúa siempre en las tres direcciones que ya hemos comentado anteriormente, conocimientos teóricos, prácticos y actitudinales, disponemos de herramientas de evaluación que podemos utilizar para medir estos aspectos.

La evaluación tiene tres momentos de aplicación básicos y representativos dentro de un proceso de enseñanzaaprendizaje:

- Evaluación inicial o diagnóstica.

- Evaluación continua o formativa.

- Evaluación final o sumativa.

Independientemente del momento evaluativo en el que nos encontremos, todas las herramientas de evaluación que utilicemos deben cumplir con tres características fundamentales: validez, fiabilidad y credibilidad. Estas cualidades son esenciales para asegurar que las pruebas y métodos de evaluación proporcionen resultados precisos y útiles sobre el aprendizaje de los/as estudiantes.

Figura 4.28. Evaluación *online*.

La **validez** de una herramienta de evaluación se refiere a la medida en que realmente evalúa lo que pretende evaluar. Es crucial que las pruebas sean diseñadas de manera que muestren de forma precisa el conocimiento, las habilidades y las competencias que se espera que los/as estudiantes demuestren.

La **fiabilidad** es la consistencia y precisión con la que una herramienta de evaluación mide el rendimiento de los/as estudiantes. Una herramienta confiable producirá resultados consistentes cuando se administre repetidamente en las mismas condiciones a diferentes estudiantes. Esto garantiza que las decisiones educativas basadas en los resultados de evaluación sean confiables y justas.

La **credibilidad** de las pruebas se refiere a la confianza y la legitimidad percibidas de los resultados de la evaluación. Para que los resultados sean creíbles, los/as estudiantes deben percibir que las pruebas son justas y están diseñadas de manera imparcial, sin sesgos injustos que puedan influir en los resultados.

Para llevar a cabo una evaluación efectiva, es fundamental recopilar información de manera continua y sistemática. Esto implica no solo administrar pruebas y actividades evaluativas, sino también recopilar datos sobre el progreso de los/as estudiantes a lo largo del tiempo. Una vez recogida la información, es necesario realizar un análisis detallado para comprender plenamente los resultados y tomar las decisiones que sean oportunas.

Este ciclo de recopilación de información, análisis y toma de decisiones **debe ser una práctica continua y cíclica** por parte de los/as formadores/as o tutores/as mientras trabajan con grupos de estudiantes. Adaptar y ajustar las estrategias de evaluación según las necesidades individuales y grupales es fundamental para apoyar el aprendizaje efectivo y el desarrollo de los/as estudiantes en entornos educativos.

¿Qué se puede evaluar?

Todo.

Absolutamente todos los elementos que participan en un proceso de enseñanzaaprendizaje, tanto materiales como humanos, juegan un papel crucial en la formación *online*. Uno de los aspectos fundamentales en este contexto es proporcionar al alumnado un *feedback* continuo sobre su progreso en el curso. Es imprescindible que cada estudiante sea consciente de su situación académica para que podamos intervenir de manera efectiva, identificar sus necesidades específicas, fortalecer sus áreas de debilidad y fomentar una mayor participación y motivación hacia las tareas asignadas.

En la formación *online*, disponemos de una amplia gama de materiales y herramientas para evaluar al alumnado. Dado que gran parte de nuestra comunicación y las actividades educativas se realizan por escrito, podemos emplear diversas estrategias para evaluar el aprendizaje de manera efectiva. Esto incluye la creación de actividades interactivas, ejercicios prácticos, pruebas y cuestionarios que cada estudiante puede completar según su propio ritmo y disponibilidad.

Una de las formas más comunes de evaluar es a través de los informes generados por las plataformas de aprendizaje *online*. Estos informes proporcionan información detallada sobre el desempeño individual de cada alumno/a. Podemos analizar el tiempo dedicado a explorar las diferentes secciones de la plataforma, la cantidad y calidad de las actividades completadas, los contenidos revisados, la participación en los espacios de comunicación como foros y chats, así como las calificaciones obtenidas en los cuestionarios y evaluaciones.

La capacidad de acceder a estos informes nos permite realizar una evaluación integral y personalizada del progreso de cada estudiante. Podemos identificar patrones de aprendizaje, áreas de mejora y éxito, y ajustar nuestra metodología de enseñanza según los resultados obtenidos. Además, esta retroalimentación continua facilita una comunicación abierta y constructiva entre formadores/as y estudiantes, promoviendo un ambiente educativo colaborativo y centrado en el aprendizaje individualizado.

Figura 4.29. Herramientas de evaluación.

A MODO DE CONCLUSIÓN...

- La formación *online* ya implica una serie de factores desfavorables para el establecimiento de una relación social típica entre tutor/a y alumnado por el simple y mero hecho del distanciamiento físico existente. Esto nos lleva a tener que desplegar diferentes estrategias y medidas de comunicación que hagan que nuestros grupos precisen de un esfuerzo extra por nuestra parte en cuanto al desarrollo de técnicas comunicativas específicas para hacernos presentes traspasando la propia pantalla de la plataforma.

- Si la comunicación es fundamental en los procesos de enseñanzaaprendizaje presenciales, en la formación *online* se vuelve aún más crucial dominar y perfeccionar nuestra habilidad en la comunicación escrita. Es muy importante que los/as formadores/as desarrollen competencias sólidas en este aspecto y fomenten prácticas constantes dentro de la plataforma educativa. Esto no solo beneficia a los/as formadores/as, sino que también motiva al alumnado a participar activamente y aprovechar al máximo las interacciones disponibles tanto con los/as tutores/as como con sus compañeros de curso.

- La comunicación escrita en el contexto digital de la formación *online* es uno de los elementos principales que sostienen la interacción formativa. A través de mensajes claros, bien estructurados y significativos, los/as formadores/as pueden facilitar un aprendizaje efectivo y una participación dinámica. Es esencial que los mensajes transmitan no solo información académica, sino también una actitud de apoyo y orientación que motive a los/as estudiantes a involucrarse profundamente en el contenido del curso y a colaborar activamente con sus compañeros/as.

- Practicar la comunicación escrita de manera habitual en la plataforma educativa no solo mejora la fluidez y precisión de los/as formadores/as, sino que también establece un estándar de comunicación claro y profesional para los/as estudiantes. Al modelar un estilo comunicativo efectivo, los/as formadores/as inspiran a los/as alumnos/as a desarrollar y perfeccionar sus propias habilidades de escritura, lo que a su vez fortalece la comunidad educativa y promueve un ambiente de aprendizaje colaborativo y enriquecedor.

- Al promover una cultura de comunicación escrita efectiva, los/as formadores/as contribuyen a la construcción de un entorno educativo donde las ideas se expresan con claridad, se discuten de manera constructiva y se consolidan a través de interacciones significativas. Esto no solo facilita la comprensión y asimilación de conceptos, sino que también fortalece la capacidad de los/as estudiantes para expresar y defender sus puntos de vista de manera persuasiva y fundamentada.

- El proceso de evaluación forma parte del proceso de enseñanzaaprendizaje, y en la formación *online* adquiere una importancia aún mayor. Si no se realiza de manera adecuada, puede dar la impresión de que no valoramos suficientemente el esfuerzo y el trabajo de nuestros/as alumnos/as. Por lo tanto, es crucial que, como formadores/as, llevemos a cabo evaluaciones rigurosas y efectivas que proporcionen retroalimentación significativa y útil para cada uno/a de nuestros/as estudiantes.

- En el contexto de la formación *online*, la evaluación no se limita simplemente a asignar calificaciones o corregir tareas. Es un proceso integral que incluye la revisión detallada del desempeño de los/as estudiantes, la identificación de fortalezas y áreas de mejora, y la provisión de comentarios constructivos que guíen el desarrollo académico y personal de cada alumno/a.

- Es fundamental que las correcciones y las calificaciones que proporcionemos sean justas, claras y pertinentes, reflejando el nivel de logro alcanzado por cada estudiante en relación con los objetivos del curso. Esto no solo motiva a los/as alumnos/as a mejorar continuamente, sino que también les brinda la confianza y la orientación necesarias para avanzar en su aprendizaje de manera efectiva.

- Proporcionar *feedbacks* o retroalimentaciones significativas implica más que simplemente señalar errores. Se trata de destacar los aspectos positivos del trabajo de los/as estudiantes, ofrecer sugerencias para el crecimiento académico y personal, y establecer metas claras para el futuro. Este proceso de retroalimentación bidireccional fomenta un ambiente de aprendizaje colaborativo y facilita la comunicación abierta entre formadores/as y estudiantes.

- Al igual que en la formación presencial, en la formación *online* a través de plataformas formativas tenemos la capacidad de evaluar exhaustivamente todos los componentes técnicos y humanos que intervienen en este proceso educativo. Esta evaluación integral abarca desde la infraestructura tecnológica y la accesibilidad de la plataforma hasta la interacción y participación de los/as estudiantes y formadores/as.

- En el contexto digital de la formación *online*, la evaluación de los componentes técnicos asegura que la plataforma sea robusta, segura y fácil de navegar para todos/as los/as usuarios/as. Esto incluye verificar la estabilidad del sistema, la compatibilidad con diferentes dispositivos y la eficacia de las herramientas de comunicación síncrona y asíncrona disponibles para facilitar la interacción y el aprendizaje colaborativo.

- La evaluación de los componentes humanos en la formación *online* es esencial para garantizar una experiencia educativa enriquecedora y efectiva. Esto implica evaluar la calidad de la interacción entre formadores/as y estudiantes, la claridad de las instrucciones y expectativas del curso, así como la capacidad de los/as formadores/as para adaptar su estilo de enseñanza y comunicación a las necesidades individuales de los/as estudiantes.

ACTIVIDADES FINALES

A continuación, encontrarás algunas preguntas sobre la unidad que acabamos de trabajar, para **que puedas comprobar el grado de conocimientos que has adquirido.**

   4.1. ¿Qué es un aula virtual?

   4.2. Menciona una herramienta gratuita para videollamadas.

   4.3. ¿Qué plataforma de Google se usa para tareas y clases en línea?

   4.4. Nombra una herramienta para crear encuestas o cuestionarios.

   4.5. ¿Qué es una videoconferencia?

   4.6. ¿Qué herramienta de Microsoft se usa para reuniones y clases en línea?

   4.7. ¿Cómo se llama el sistema que ayuda a organizar y compartir materiales de clase?

   4.8. ¿Qué es un foro en línea?

   4.9. ¿Qué tipo de comentarios puede dar un/a formador/a *online*?

  4.10. Menciona una herramienta para compartir archivos *online*.

Las redes sociales como elemento de búsqueda de recursos para el aprendizaje

Este tema analiza el uso de las redes sociales como herramientas para la búsqueda de recursos educativos, destacando su potencial para facilitar el aprendizaje colaborativo. Se exploran las ventajas de integrar estas plataformas en el proceso educativo para enriquecer la experiencia de los estudiantes.

5.1. Las redes sociales

Podríamos decir de forma genérica, que **una red social es una comunidad *online* de contactos que crean las personas con intereses comunes para interactuar y crear y compartir contenidos.** Estas plataformas facilitan la creación, intercambio y difusión de contenidos, permitiendo a los usuarios comunicarse, compartir información y participar en diversas actividades sociales y profesionales.

Si hablamos de redes sociales, dos de las que más fácilmente nos pueden venir a la cabeza a día de hoy, son Instagram y TikTok. Estas plataformas se han convertido en epicentros de la actividad social en línea, donde millones de usuarios/as crean, comparten y consumen contenido diariamente. Instagram, conocida por su enfoque en las imágenes y vídeos, permite a los usuarios construir un perfil visualmente atractivo a través de fotos, historias y *reels*. Por otro lado, TikTok se ha destacado por su formato de vídeos cortos y virales, ofreciendo una plataforma dinámica y creativa para la auto-expresión y el entretenimiento.

Figura 5.1. Redes sociales.

Pero si observamos por un momento la historia de estas dos redes sociales, veremos diferencias que pueden resultarnos interesantes para analizar qué eran y qué son ahora mismo.

Instagram, lanzada en octubre de 2010 por Kevin Systrom y Mike Krieger, comenzó como una aplicación centrada en la fotografía móvil. **Su objetivo inicial** era proporcionar una plataforma sencilla y elegante para compartir fotos, con filtros que permitían a los/as usuarios/as mejorar y personalizar sus imágenes fácilmente.

En sus primeros días, Instagram se diferenciaba por su enfoque en la calidad visual y la simplicidad, atrayendo a entusiastas de la fotografía y usuarios/as que buscaban una manera creativa de documentar sus vidas cotidianas y darle mayor relevancia a la tecnología que iba creciendo en la calidad de las cámaras fotográficas instaladas en los teléfonos móviles.

Sin embargo, con el tiempo, Instagram ha evolucionado significativamente, ampliando su alcance y funcionalidad para convertirse en una de las redes sociales más influyentes del mundo.

Tan solo dos años más tarde de su aparición, en 2012, Facebook adquirió Instagram, lo que marcó un punto de inflexión en su desarrollo. Bajo la gestión de Facebook, Instagram introdujo una serie de nuevas características que transformaron la plataforma:

- Vídeos.

- *Stories*.

- IGTV (Instagram TV, que surgió en 2018).

- *Reels* (que surgieron en 2020, como respuesta al auge de TikTok).

Figura 5.2. Instagram.

Estos cambios reflejan una estrategia más amplia para mantener a los/as usuarios/as comprometidos/as y atraer a nuevos públicos, convirtiendo a Instagram en un espacio dinámico para el entretenimiento, la publicidad y la *influencia social*.

Hoy en día, Instagram no es la misma aplicación que en sus inicios. Lo que comenzó como una plataforma para compartir fotos ha evolucionado hasta convertirse en un vasto ecosistema digital donde se interrelacionan campos como la moda, el comercio, la cultura y la comunicación global. Esta evolución ha permitido a Instagram adaptarse a las cambiantes tendencias de las redes sociales y mantenerse en un puesto relevante dentro del competitivo mundo de las redes sociales.

Si hablamos de TikTok, podemos decir que originalmente fue lanzado en septiembre de 2016 por la empresa china ByteDance bajo el nombre de Douyin. Pero no fue hasta 2018, que se introdujo en el mercado internacional con el nombre por el que la conocemos hoy en día.

Esta plataforma se convirtió rápidamente en una de las redes sociales más populares en todo el mundo, especialmente entre las personas jóvenes. TikTok permite a los/as usuarios/as crear y compartir vídeos cortos, generalmente acompañados de música, efectos especiales y otras herramientas creativas.

Inicialmente, TikTok ganó popularidad en Asia y rápidamente se expandió a otros mercados globales, atrayendo a una amplia audiencia debido a su formato de fácil uso y a su capacidad para generar contenido viral. Una de sus características principales es la de su algoritmo de recomendación inteligente, que personaliza el contenido que se muestra a los/as usuarios/as según sus intereses y comportamientos de visualización.

Figura 5.3. TikTok.

Desde su lanzamiento, TikTok ha evolucionado para incluir diversas funciones, como la posibilidad de realizar transmisiones en vivo, desafíos virales y colaboraciones entre usuarios/as. Esta plataforma ha demostrado ser no solo un espacio de entretenimiento, sino también un medio para la creatividad, el descubrimiento cultural y la expresión personal en la era digital.

Pero, como suele ocurrir, en los últimos treinta *años en los que las nuevas tecnologías nos hacen tener que utilizar herramientas que no conocemos en profundidad,* TikTok es una de las redes sociales que más sombras podríamos decir que tiene tras de sí, debido a diferentes factores tanto políticos como económicos y sociales.

Esta red social se ha visto envuelta en diversas situaciones controvertidas en su corta vida. Una de las principales preocupaciones ha sido la **gestión de datos personales**. Debido a las preocupaciones sobre la privacidad de los/as usuarios/as y a la recopilación de información por parte de la empresa matriz, ByteDance, con sede en China, se han llevado a cabo investigaciones y acciones regulatorias en varios países, incluidos Estados Unidos y la Unión Europea, donde se cuestionó la transparencia y la seguridad de los datos gestionados por TikTok.

También ha sido objeto de críticas por su política de censura y moderación de contenido. En algunos casos, se han denunciado prácticas de censura que podrían restringir la libertad de expresión, especialmente en temas políticos y sociales que son muy sensibles. Estas prácticas han generado polémicas significativas y han llevado a debates sobre la responsabilidad de las plataformas de redes sociales en la regulación del contenido que permiten que sea subido o no.

Y uno de los principales aspectos por los que TikTok es conocida es por promover diversos tipos de desafíos virales entre los/as usuarios/as, especialmente entre los/as jóvenes. Estos desafíos pueden variar desde simples actos divertidos hasta actividades más arriesgadas o peligrosas. En algunos de estos retos, se han producido accidentes, daños a la propiedad e incluso muertes de algunos/as de los/as usuarios/as que han querido practicar esos retos. Lo cual, evidentemente, ha sido muy criticado por parte de la sociedad por no existir una supervisión adecuada sobre los contenidos que se pueden subir a esta plataforma. Sobre todo, por el hecho de que la propia plataforma no tome medidas más estrictas para prevenir situaciones potencialmente peligrosas o dañinas para los/as usuarios/as.

Aun con todos estos elementos que hacen que se dé una polarización en cuanto a la opinión que se tiene sobre TikTok, la red social sigue existiendo y sigue ganando usuarios/as y creciendo en números.

En realidad, las redes sociales son mucho más que simples aplicaciones; son ecosistemas digitales donde se tejen complejas redes de contactos y comunidades. Los perfiles en estas plataformas no solo actúan como tarjetas de presentación virtuales, sino que también facilitan la interacción y el desarrollo de relaciones, tanto personales como profesionales. A través de comentarios, *likes*, mensajes directos y colaboraciones, los/as usuarios/as pueden conectarse, influenciar y ser influenciados/as, creando una red de conexiones que evoluciona constantemente.

Además, estas plataformas ofrecen herramientas y algoritmos que potencian el alcance y la visibilidad del contenido, permitiendo que las redes de contactos de cada usuario/a crezcan y se diversifiquen de manera exponencial.

Conocer el origen, la evolución y las múltiples definiciones que rodean a las redes sociales es un desafío, dado que carecen de un origen claro y definido, y su desarrollo ha sido vertiginoso y, en ocasiones, descontrolado.

No existe un consenso unificado sobre cuál fue la primera red social en funcionamiento, lo que refleja la complejidad y la rápida evolución de este campo.

También debemos considerar la **efímera vida útil de las plataformas digitales modernas**. Las redes sociales que conocemos hoy pueden desaparecer mañana, reemplazadas por nuevas plataformas que ofrecen servicios innovadores y disruptivos, dejando obsoletas a las anteriores en un breve lapso de tiempo. Redes sociales como Tuenti, MySpace, Orkut, Snapchat y Google+, dejaron de existir y, sin embargo, en su momento, tuvieron un gran éxito y un altísimo número de usuarios/as.

Figura 5.4. RR. SS.

Generalmente, se acepta que los primeros rastros de redes sociales surgieron mucho antes de lo que comúnmente se cree. Desde los primeros días de Internet, los intentos de establecer conexiones y comunidades en línea sentaron las bases de lo que ahora conocemos como redes sociales. Este periodo inicial marcó el inicio de los servicios modernos de redes sociales, donde la creación de perfiles y la formación de listas de contactos comenzaron a definir cómo nos conectamos y compartimos información en la era digital.

Este proceso continuo de innovación y cambio constante subraya la naturaleza dinámica y en constante evolución y cambio de las redes sociales, reflejando tanto los avances tecnológicos como las cambiantes expectativas y necesidades de los/as usuarios/as de las mismas en todo el mundo.

Figura 5.5. Comunicación en redes sociales.

5.2. El uso de las redes sociales en formación

Para entender las redes sociales en el entorno educativo, se parte de una concepción amplia sobre estas, ya que no hay que concebirlas solo como una forma de ocio y entretenimiento, o como una herramienta de comunicación.

En el debate sobre el uso de las redes sociales en la formación, surge una pregunta fundamental:

> ¿Son estas herramientas inherentemente buenas o malas?

A priori, las nuevas tecnologías están diseñadas para facilitar nuestra vida y mejorar aspectos relacionados sobre todo con la comunicación, pero es **la forma en que las empleamos lo que puede definir su impacto positivo o negativo**.

Este dilema subraya la importancia de un enfoque crítico y reflexivo hacia su integración en el ámbito educativo y formativo. Las redes sociales, como Instagram, TikTok y otras plataformas, ofrecen oportunidades significativas para el aprendizaje interactivo y la colaboración entre estudiantes y formadores/as. Permiten el acceso a una gran cantidad de información y recursos educativos, así como la posibilidad de conectar con comunidades globales de aprendizaje. **Sin embargo, junto con estos beneficios vienen desafíos considerables.**

El *uso excesivo* de las redes sociales puede desembocar en un aumento de las distracciones y una disminución de la concentración y la atención de la persona, afectando negativamente al rendimiento académico, y en casos extremos, a la salud mental de algunas personas.

> La dependencia tecnológica que vivimos y la preocupación por la imagen pública en línea que puede tenerse sobre nosotros/as pueden amplificar la ansiedad y el estrés tanto de personas jóvenes como de personas adultas

Figura 5.6. Estamos interconectados.

Y no podemos olvidar que, **la gestión de la privacidad y la seguridad de los datos personales** continúa siendo una preocupación constante entre las personas que utilizan los recursos disponibles en Internet y las redes sociales.

Por tanto, si realizamos esta reflexión y revisamos los datos que tenemos a nuestra disposición hoy en día, podemos ser conscientes de que lo que es esencial no es tanto utilizar los recursos de Internet o las redes sociales dentro del aula, sino que es **muchísimo más importante** educar a nuestros/as estudiantes en el **uso responsable y ético de estas herramientas y de las redes sociales**, enseñándoles a discernir entre información verificada y falsa, a respetar la privacidad de las demás personas y a cultivar comportamientos positivos en línea.

Los/as formadores/as también podemos sentirnos presionados/as ante el hecho de utilizar o no utilizar determinados recursos en línea y ser tachados/as de antiguos/as o de estar desactualizados/as. Es preferible aprender y conocer una herramienta antes de utilizarla sin saber realmente si nos va a resultar útil o si conlleva algún riesgo tanto para nosotros/as como para nuestros grupos. Si lo pensamos un segundo, no le dejaríamos a una persona que no ha manejado nunca una grúa torre, que se pusiera a los mandos de la misma porque tiene un carnet de carretilla elevadora, ¿no? Pues eso.

Tenemos la sensación de que controlamos la tecnología por encima de lo que realmente lo hacemos, esta falsa sensación de control, hace que nos equivoquemos en muchas ocasiones, utilizando de forma muy novata y torpe algunos de los recursos que nos ofrece. La velocidad de surgimiento y avance de la tecnología está muy por encima de nuestras posibilidades de aprendizaje real, por lo tanto, seamos honestos/as con nosotros/as mismos/as y tratemos de aprender antes de ponerla en marcha dentro de nuestras clases.

Figura 5.7. Dependencia tecnológica.

Dentro de nuestras responsabilidades como formadores/as, está la de promover un equilibrio saludable entre el tiempo en línea y fuera de línea, fomentando habilidades sociales y el bienestar emocional de nuestros/as estudiantes. Utilizar herramientas digitales sin control solo porque es la moda o porque no queremos que nos vean como desactualizados/as siempre será un error.

Si lo seguimos pensando, el éxito de la integración de las redes sociales en la formación radica en cómo se gestionan sus usos y abusos. Al mantener un enfoque crítico y consciente, podemos maximizar los beneficios educativos de estas herramientas mientras reducimos sus posibles riesgos y efectos negativos en el aprendizaje y el desarrollo personal.

Podemos aprovechar lo que son para aprender y para promover el aprendizaje y hacerlo más ameno y efectivo. Pero esto nos supondrá tiempo y estudio para poder sacarle el mayor y mejor provecho a la herramienta que decidamos utilizar en nuestras clases. Para eso estamos ahí, ¿no? Para formar a otras personas. Y para ello, hace falta que sepamos de qué hablamos.

Entonces, ¿cómo podemos utilizarlas en el entorno educativo?

Haciendo uso de ellas como...

■ **Herramientas educativas**. Son indispensables en la actualidad, sirviendo como recursos fundamentales para la búsqueda de información y consulta en diversas áreas del conocimiento. Las redes sociales y el resto de recursos digitales que encontramos en la red no solo proporcionan acceso inmediato a un extenso repertorio de datos y estudios, sino que también facilitan la conexión directa con expertos y expertas en la materia. A través de la interacción en línea, los/as estudiantes pueden profundizar en temas específicos, realizar preguntas y recibir orientación personalizada de profesionales en la materia.

  Estas herramientas actúan como espacios dinámicos para la adquisición y desarrollo de habilidades tecnológicas clave. Desde el manejo básico de programas y aplicaciones, hasta el dominio de herramientas especializadas, los/as estudiantes tienen la oportunidad de mejorar su competencia digital de manera práctica y contextualizada. Esto no solo prepara a las personas para enfrentar los desafíos del mundo digital contemporáneo, sino que también fortalece su capacidad para innovar y colaborar en entornos globales y multidisciplinarios.

■ **Herramientas de comunicación**. Juegan un papel fundamental en el entorno educativo, facilitando la interacción dinámica entre estudiantes, formadores/as y demás personal del centro formativo. Estas herramientas y plataformas no solo permiten la comunicación instantánea y efectiva, sino que también funcionan como espacios colaborativos donde podemos dar paso a que aumente la creatividad, el pensamiento crítico y la cooperación.

En el aula digital, los/as estudiantes pueden compartir ideas, discutir conceptos complejos y colaborar en proyectos educativos de manera innovadora. La capacidad de expresar libremente sus opiniones y perspectivas fomenta un ambiente de aprendizaje inclusivo y participativo. Además, estas herramientas promueven la cohesión social al facilitar conexiones significativas entre las personas miembros de grupo formativo, fortaleciendo así la comunidad de aprendizaje.

Al mismo tiempo, las herramientas de comunicación enriquecen el proceso formativo al proporcionar oportunidades para la tutoría entre iguales, la retroalimentación constructiva y la tutoría individualizada. Los/as estudiantes pueden recibir orientación directa de sus iguales y de sus tutores/as, lo que les ayuda a desarrollar habilidades sociales, emocionales y formativas de manera integral.

Figura 5.8. Herramientas de comunicación.

- **Espacios para el desarrollo del perfil personal**. Desempeñan un papel crucial en el contexto educativo, tanto para estudiantes como para docentes. Estas plataformas no solo permiten a sus usuarios/as coincidir con perfiles afines y ampliar sus redes de contactos, sino que también fomentan la creación y participación en la generación de contenidos significativos.

Para los/as estudiantes, estas herramientas y plataformas ofrecen la oportunidad de explorar sus intereses personales y profesionales, conectar con personas y recursos relevantes, y construir una identidad digital positiva. Pueden compartir sus proyectos académicos, expresar sus opiniones y colaborar en iniciativas creativas que promuevan el aprendizaje activo y autodirigido.

Para los/as formadores/as, estas herramientas son valiosas para establecer cone-xiones profesionales, intercambiar y conocer prácticas educativas, y participar en comunidades de aprendizaje continuo. La capacidad de colaborar con colegas a nivel local, nacional e internacional amplía las perspectivas pedagógicas y facilita el desarrollo profesional continuo.

Estos espacios ofrecen oportunidades para la reflexión crítica sobre la identidad digital y el manejo responsable de la presencia en línea. Así que los/as usuarios/as, si quieren, pueden aprender a evaluar la calidad de la información, gestionar su reputación digital y participar de manera ética en la comunidad digital global.

Figura 5.9. Influencia de redes sociales.

Las **principales características** de las redes sociales como herramientas empleadas en la educación son las siguientes:

1. **Participación en igualdad**: las redes sociales fomentan la participación equitativa entre todos/as los/as usuarios/as, promoviendo un espacio donde cada voz puede ser escuchada y valorada por igual.

2. **Personalización**: permite a los/as usuarios/as adaptar su experiencia formativa según sus intereses y necesidades específicas, facilitando el aprendizaje adaptativo y diferenciado

3. **Colaboración e interactuación entre usuarios/as**: facilitan la colaboración activa entre estudiantes, formadores/as y expertos/as, promoviendo el intercambio de ideas y el aprendizaje cooperativo.

4. **Facilidad de acceso y uso**: ofrecen una interfaz intuitiva y accesible que facilita la navegación y el uso de herramientas educativas sin requerir de conocimientos téc-nicos o informáticos avanzados.

5. **Flexibilidad**: adaptabilidad para integrarse en diferentes entornos formativos y responder a las necesidades cambiantes de los/as usuarios/as y las instituciones formativas.

6. **En tiempo real**: proporcionan la capacidad de compartir y acceder a información instantáneamente, promoviendo la comunicación y la retroalimentación inmediata entre las personas participantes.

Figura 5.10. Conexión en redes sociales.

Pero igualmente, también hay algunas **limitaciones** que debemos tener en cuenta:

1. **Dependencia de la conexión a Internet para la interacción en tiempo real**: es necesario tener acceso constante a una conexión a Internet para poder participar activamente y aprovechar todas las funciones disponibles en las redes sociales formativas.

2. **Limitaciones de idiomas:** algunas aplicaciones están disponibles únicamente en inglés o requieren el dominio de este idioma para interactuar con determinados perfiles o acceder a ciertos contenidos. Esto puede representar una barrera para aquellas personas que no hablan inglés o para la comunicación efectiva en un entorno globalizado.

Y como ya sabemos, también debemos tener en cuenta una serie de **precauciones** ante el uso de las redes.

1. **Aspectos de privacidad, derecho a la intimidad, derechos de autor y protección de los menores**: es fundamental considerar y proteger estos aspectos al utilizar redes sociales en entornos formativos. La privacidad de los datos personales, la gestión adecuada de la información sensible, como datos de estudiantes o contenido educativo, y el respeto a los derechos de autor/a, son fundamentales para evitar problemas legales y éticos. Además, es importante que aprendamos a implementar medidas de protección específicas para garantizar la seguridad y bienestar de los/as estudiantes menores de edad que participan en plataformas digitales.

Figura 5.11. Seguridad informática.

2. **La veracidad de la información que manejamos:** en un mundo donde la desinformación sabemos que se propaga rápidamente, es imprescindible verificar la veracidad y la calidad de la información que se comparte o utiliza en las redes sociales formativas. Los/as estudiantes y formadores/as deben ser críticos/as y utilizar fuentes confiables y verificadas para evitar la difusión de noticias falsas o información errónea. **Fomentar el pensamiento crítico y proporcionar habilidades de evaluación de la información** son pasos clave para mitigar este riesgo.

Figura 5.12. La desinformación es peligrosa.

Para muchas personas, las redes sociales han estado presentes prácticamente desde que tienen memoria, formando parte de su vida cotidiana y utilizándolas con naturalidad. No obstante, su expansión digital es un fenómeno relativamente reciente que ha evolucionado muy rápidamente, transformándose en un destacado fenómeno mediático en nuestra historia contemporánea.

En un corto periodo de tiempo, estas plataformas han revolucionado la manera en que nos comunicamos, compartimos información y nos relacionamos, impactando profundamente en todos los aspectos de la sociedad moderna.

> Al igual que muchas otras creaciones del ser humano, las redes sociales son una herramienta muy útil para las personas, siempre que sepamos darles un buen uso.

Dependiendo de su **objetivo**, podemos dividir las redes sociales en:

- **Redes sociales horizontales o generalistas**. Estas redes están centradas principalmente en facilitar las relaciones sociales y la conexión entre personas, sin una temática específica predominante. Su principal función es proporcionar plataformas donde los/as usuarios/as puedan interactuar, compartir intereses personales y mantener contactos sociales.

    Ejemplos de este tipo de redes incluyen Facebook, X (antes Twitter) y Snapchat, que permiten una amplia variedad de interacciones sociales en un entorno general.

- **Redes sociales verticales o temáticas**. Estas redes se enfocan en un tema o campo específico, conectando a personas con intereses comunes en áreas particulares de interés. Pueden ser redes sociales profesionales como LinkedIn, donde los/as usuarios/as establecen conexiones laborales y buscan oportunidades de empleo, o redes sociales de ocio como Goodreads para amantes de la lectura o Strava para deportistas. Estas plataformas facilitan la interacción en torno a temas específicos, permitiendo a los/as usuarios/as compartir conocimientos, experiencias y recursos relacionados con su campo de interés. Dentro de nuestro sector, el de la formación, podríamos nombrar también aquí a la comunidad de Moodle, que incluye a usuarios/as de diferentes instituciones educativas y contextos, y proporciona un espacio donde las personas participantes pueden interactuar, compartir conocimientos y experiencias relacionadas con la implementación y el uso de Moodle como plataforma educativa.

    Las redes sociales verticales suelen ofrecer herramientas y funcionalidades adaptadas a las necesidades particulares de sus usuarios/as, promoviendo una comunidad más especializada y enfocada en comparación con las redes sociales horizontales más amplias. Este enfoque temático permite a los/as usuarios/as profundizar en sus intereses específicos y establecer conexiones significativas dentro de sus intereses.

Figura 5.13. Redes sociales horizontales verticales.

Existen numerosos artículos sobre las ventajas del uso de redes sociales dentro del aula, por lo que debemos insistir en que su uso o implementación dentro de clase no tiene por qué ser algo peligroso o negativo, solo dependerá de cómo las utilicemos y con qué conocimientos sobre ellas contemos en el momento de ponerlas en práctica.

Para poder hacer una buena selección de contenidos y encontrar documentación fiable sobre este tema, es recomendable...

- **Acudir a fuentes de confianza**: es recomendable buscar información en medios de comunicación reconocidos por su credibilidad, así como en perfiles y contenidos provenientes de instituciones oficiales y cuentas verificadas de empresas e instituciones. Estas fuentes suelen proporcionar información respaldada por investigaciones y datos verificados.

- **Revisar estudios de institutos avalados**: cuando se consulten estudios y análisis, es aconsejable acudir a institutos y centros de investigación reconocidos por su experiencia y reconocimiento oficial en el campo de las redes sociales y la tecnología educativa. Esto asegura que los datos y conclusiones presentados sean objetivos y basados en investigaciones rigurosas.

- **Contrastar información en redes sociales y blogs**: es importante ejercer un criterio crítico al revisar información de perfiles **no reconocidos,** como de confianza en redes sociales, blogs o sitios web. A menudo, **es necesario contrastar la información con múltiples fuentes y verificar la autenticidad de los datos antes de aceptarlos como válidos.**

Si tenemos en cuenta estos principios, se puede asegurar una búsqueda y selección de información efectiva y confiable sobre las redes sociales y su impacto en nuestra acción formativa.

Figura 5.14. Redes sociales y personas.

5.3. La búsqueda en Internet de recursos didácticos para la formación

El pionero del uso de Internet como herramienta para la búsqueda de información y el trabajo didáctico en el aula fue Bernie Dodge, quien introdujo las WebQuest en 1995. Su objetivo principal era fomentar un uso organizado y con propósito de la red, optimizando así el tiempo dedicado a la búsqueda de información y recursos educativos.

Desde entonces, con los avances tecnológicos actuales, las redes sociales han transformado el entorno educativo y formativo de diferentes maneras. En este contexto, las redes sociales permiten a los/as estudiantes participar activamente en la comunidad formativa, facilitando el aprendizaje colaborativo y la creación conjunta de contenidos. También, ofrecen plataformas dinámicas para el debate, la interacción con otros/as usuarios/as y la colaboración en proyectos educativos.

Como hemos indicado anteriormente, las redes sociales no se limitan a un único propósito, sino que ofrecen múltiples formas de participación y niveles de interacción según el uso que se les dé. Los/as usuarios/as pueden descubrir nuevas herramientas y recursos educativos, compartir información relevante y mantenerse informados/as sobre temas de interés académico, personal y profesional.

Figura 5.15. Potencial de las redes sociales.

Integrar adecuadamente las redes sociales en la formación prepara a los/as estudiantes para el uso responsable y efectivo de la tecnología en diversos contextos profesionales y sociales.

*Si decidimos integrar las redes sociales en el contexto educativo, nos encontramos con una serie de **factores positivos** que pueden potenciar nuestro trabajo docente:*

- **Facilidad de acceso y uso**: las redes sociales son plataformas ampliamente accesibles y fáciles de usar para estudiantes y formadores/as por igual. Su interfaz familiar y su diseño intuitivo facilitan la navegación y el uso, lo que reduce las barreras de acceso y permite un rápido aprendizaje de la plataforma.

- **Popularidad y aceptación social**: debido a su amplia integración en el día a día de la sociedad, las redes sociales gozan de una alta aceptación entre los/as estudiantes habitualmente. Integrarlas en el entorno formativo puede aumentar la motivación y el compromiso de los/as estudiantes al utilizar herramientas con las que ya están familiarizados/as en su vida diaria.

- **Aportación de diversión al aprendizaje**: las nuevas tecnologías presentes en las redes sociales pueden hacer que el aprendizaje sea más atractivo y divertido. La integración de vídeos, imágenes, y otros medios interactivos puede enriquecer el contenido educativo y captar la atención de los/as estudiantes de manera efectiva.

- **Eficiencia y rapidez en los procesos**: la tecnología utilizada en las redes sociales permite realizar procesos formativos de manera más eficiente y rápida. Por ejemplo, la comunicación instantánea y la colaboración en tiempo real facilitan la coordinación entre estudiantes y el intercambio de ideas entre grupos de trabajo.

- **Participación de personas reacias al contacto directo**: las redes sociales ofrecen un entorno menos intimidante para aquellas personas que pueden ser reticentes a participar en actividades presenciales o cara a cara. Esto puede fomentar una participación más equitativa y aumentar la inclusión en el proceso educativo.

Pero también encontramos algunos **contras** con respecto al uso de las NTIC en el entorno formativo. Por ejemplo...

- **Dificultad o resistencia al cambio**: algunas personas pueden enfrentar dificultades para adoptar e integrar las NTIC en el entorno educativo. Esto puede deberse a la falta de familiaridad con la tecnología o a la resistencia al cambio en métodos tradicionales de enseñanza.

- **Necesidad de formación continua**: es fundamental proporcionar formación adecuada en el uso de las redes sociales y otras NTIC tanto a docentes como a personal administrativo. Esta formación no solo ayuda a desarrollar habilidades técnicas, sino que también promueve prácticas formativas efectivas y seguras.

- **Establecimiento de normas de uso**: la integración exitosa de las redes sociales en el ámbito educativo requiere la implementación de normas claras y efectivas para su uso. Estas normas deben abordar aspectos como la privacidad, la ética digital, el comportamiento en línea y la gestión de la información compartida.

- **Adaptabilidad según el área de aprendizaje**: *no todas las redes sociales o herramientas tecnológicas son adecuadas para todos los ámbitos del aprendizaje*. Tenemos que realizar una investigación previa y evaluar la idoneidad de cada plataforma en función de los objetivos educativos específicos y las necesidades del grupo con el que trabajemos en ese momento.

- **Seguridad y protección**: existe la preocupación generalizada por la seguridad de los/as estudiantes al usar redes sociales y otras plataformas en línea. Es importante que implementemos medidas efectivas para proteger la privacidad de los/as estudiantes y garantizar un entorno seguro y positivo para el aprendizaje digital.

Figura 5.16. Beneficio de las redes sociales.

El uso de las nuevas tecnologías en el proceso de enseñanzaaprendizaje presenta una serie de beneficios significativos.

Por ejemplo, facilita la creación de nuevas formas innovadoras para enseñar y aprender conceptos específicos. La incorporación de herramientas tecnológicas permite explorar y descubrir nuevos saberes que antes podrían haber sido desconocidos, así como adoptar enfoques metodológicos que se adapten mejor a las necesidades y estilos de aprendizaje de los/as estudiantes.

Estas nuevas tecnologías también contribuyen a desarrollar metodologías más dinámicas y didácticas dentro del aula, lo cual puede mejorar la participación y el interés de los/as estudiantes en los contenidos educativos. La integración de Internet y las redes sociales en proyectos educativos innovadores permite a los/as docentes explorar nuevas formas de enseñanza colaborativa, la creación de contenidos multimedia y el acceso a recursos educativos interactivos.

Al desarrollar un proyecto innovador de este tipo, dentro de una acción formativa, es fundamental realizar una investigación exhaustiva previa. Esto implica estudiar proyectos similares implementados anteriormente para comprender tanto sus éxitos como sus desafíos. Esta revisión nos proporciona una perspectiva informada sobre cómo aprovechar al máximo las herramientas disponibles y anticipar posibles obstáculos.

Es importante tener en cuenta que, aunque muchas iniciativas con recursos en línea y redes sociales son inicialmente bien recibidas, la implementación práctica puede no siempre cumplir con las expectativas creadas. Por lo tanto, debemos aprender de las experiencias pasadas y adaptar las estrategias educativas según las lecciones aprendidas para mejorar continuamente el uso efectivo de estas herramientas en el aula.

Figura 5.17. NTIC y éxito formativo.

Para estar al tanto de los proyectos innovadores en el ámbito de la educación, se pueden seguir las siguientes **recomendaciones**:

- **Identificar y seguir perfiles especializados en redes sociales**: si nos interesan estos temas, es fundamental seguir cuentas y grupos en redes sociales que se centren en la educación y en áreas específicas de interés. Plataformas como X (antes Twitter), LinkedIn y Facebook ofrecen comunidades activas donde se comparten tendencias, recursos educativos y experiencias innovadoras.

- **Detectar y suscribirse a blogs especializados**: hay numerosos blogs dedicados a la educación que proporcionan análisis profundos, estudios de caso y consejos prácticos sobre innovación educativa. Suscribirse a estos blogs garantiza estar al tanto de las últimas investigaciones, herramientas y métodos pedagógicos emergentes.

- **Seguir perfiles de instituciones educativas**: tanto las instituciones públicas como privadas suelen compartir iniciativas innovadoras, eventos educativos y recursos útiles. Estos perfiles ofrecen información directa sobre prácticas efectivas, programas académicos y tendencias educativas locales e internacionales.

- **Estar al tanto de proyectos como el Plan de Acción de Educación Digital de la Comisión Europea**: iniciativas como el Plan de Acción de Educación Digital de la UE, que promueve la ciencia, la enseñanza de la programación y la concienciación sobre la ciberseguridad, son relevantes para la integración de la tecnología en el aula. Participar en estos programas no solo proporciona recursos, sino también oportunidades de colaboración y financiamiento para proyectos innovadores.

- **Seguir las convocatorias de proyectos de innovación educativa**: mantenerse informado/a sobre las convocatorias de financiación y concursos para proyectos educativos innovadores permite participar activamente en iniciativas que impulsen la calidad y la efectividad de la enseñanza. Estas convocatorias suelen ofrecer apoyo financiero y recursos adicionales para implementar ideas creativas y transformadoras en el ámbito educativo.

Estas estrategias no solo nos mantienen a los/as formadores/as actualizados sobre las últimas tendencias y desarrollos en educación, sino que también fomentan la colaboración, el intercambio de conocimientos y la mejora continua de las prácticas pedagógicas.

5.4. Buscar y compartir contenidos didácticos en redes sociales

Actualmente, el uso de redes sociales en el ámbito educativo ofrece una amplia gama de posibilidades según el proyecto o metodología que se desee trabajar en las aulas. Existen diversas plataformas que no solo son familiares para los/as estudiantes y los/as formadores/as, sino que también se podrían integrar de manera efectiva en sus actividades diarias de aprendizaje.

Por ejemplo, **Facebook** es una opción que presenta varias **ventajas** tanto para alumnos/as como para formadores/as. Entre ellas:

- **Centralización de actividades educativas**: facilita la organización de todas las actividades docentes en un único espacio, lo cual es conveniente para la gestión y seguimiento de tareas y recursos educativos.

- **Interacción a distancia**: permite una comunicación continua entre docentes y alumnos/as, incluso fuera del horario tradicional de clases, promoviendo la participación y el intercambio de ideas de manera asincrónica.

- **Favorece el ambiente de trabajo**: proporciona un entorno donde los/as alumnos/as pueden explorar sus propios intereses y crear contenido relevante para su aprendizaje, promoviendo la autonomía y la creatividad.

- **Amplía el espacio de comunicación**: rompe las barreras físicas del aula tradicional al permitir que la comunicación entre alumnos/as y formadores/as se extienda más allá de las paredes del centro educativo, fomentando una conexión más continua y personalizada.

- **Aprendizaje del comportamiento social**: ayuda a los/as estudiantes a desarrollar habilidades sociales digitales al aprender cómo interactuar apropiadamente en un entorno en línea, qué tipo de contenido compartir y cómo participar de manera constructiva en debates y discusiones.

- **Mejora de la evaluación**: la participación activa en foros, blogs y redes sociales puede mejorar la evaluación de los/as estudiantes, ya que estos entornos suelen motivar una participación más comprometida y reflexiva, fundamental para el aprendizaje colaborativo y la construcción de conocimiento colectivo.

Figura 5.18. Facebook.

Por tanto, integrar plataformas como Facebook en el proceso formativo no solo puede enriquecer la experiencia de aprendizaje, sino que también prepara a los/as estudiantes para interactuar de manera efectiva en el mundo digital actual, donde la comunicación y la colaboración en línea son habilidades clave.

Si nos fijamos en **X** (antes **Twitter**) como plataforma educativa, también puede contribuir a la formación docente y a la formación del alumnado. Algunos de los beneficios que puede aportar esta red social en el proceso de enseñanzaaprendizaje son...

- **Resumir**: la limitación de caracteres en X (antes Twitter) fomenta la habilidad del/la estudiante para condensar información de manera concisa y efectiva, capturando las ideas principales de un tema.

- **Descubrir**: permite a los/as usuarios/as explorar intereses específicos y mantenerse actualizados/as mediante notificaciones sobre temas relevantes, lo cual es ideal para la investigación y el descubrimiento continuo de nuevos contenidos.

- **Informar**: esta red social es conocida por su capacidad para difundir noticias y eventos en tiempo real, proporcionando a docentes y estudiantes acceso inmediato a información actualizada y relevante en diversas áreas de estudio.

- **Conversar**: facilita la interacción y el intercambio de opiniones entre estudiantes y docentes, creando un entorno dinámico donde pueden discutir temas académicos, compartir recursos y colaborar en proyectos educativos.

- **Investigar**: es una herramienta valiosa para la investigación académica, permitiendo a los/as estudiantes buscar y recopilar datos, opiniones y estudios relevantes sobre cualquier tema de interés.

- **Evaluar**: los/as formadores/as pueden utilizar X (antes Twitter) para evaluar el nivel de interacción y participación de los/as estudiantes en las discusiones académicas, en la asignatura en general o en áreas específicas del contenido curricular.

Figura 5.19. Twitter-X.

Así que si decidimos integrar X (antes Twitter) en el proceso de enseñanzaaprendizaje no solo podemos ampliar las oportunidades de aprendizaje colaborativo y participativo, sino que también nos sirve para preparar a nuestros grupos para utilizar eficazmente las herramientas de comunicación digital y mejorar sus habilidades de síntesis, investigación y evaluación crítica.

De igual forma, redes sociales como **Instagram** o **TikTok** también pueden desempeñar un papel significativo dentro de los procesos formativos, ofreciendo plataformas versátiles para compartir contenidos y conocimientos de manera creativa y colaborativa. Aunque no son actualmente las más utilizadas en este sentido de estudio e investigación. En todo caso, se utilizan dentro del entorno educativo, pero con unos fines un poco más lúdicos y con objetivos diferenciados de los anteriores que hemos visto. (Esto no significa que no se utilicen adecuadamente o que no obtengan buenos resultados en los proyectos que se implementen).

En el contexto educativo, Instagram y TikTok destacan por su capacidad para fomentar la creatividad, el trabajo en equipo y la creación de contenidos originales por parte de los/as estudiantes. Estas plataformas permiten a los/as alumnos/as expresarse de manera visual y narrativa, explorar diversos estilos de comunicación y aprender a construir narrativas digitales convincentes.

Particularmente en el caso de TikTok, una de las redes sociales más recientes como hemos visto anteriormente, se ha generado un intenso debate debido a su impacto en la juventud y la sociedad en general. Mientras que algunas personas elogian su capacidad para fomentar la creatividad y la expresión individual, otras expresan preocupaciones sobre su uso potencialmente negativo, como los retos peligrosos o inapropiados que han surgido en los últimos años.

Esta polémica,plantea dilemas éticos y sociales importantes, que deben ser abordados con sensibilidad y objetividad al considerar la integración de estas herramientas en entornos formativos.

> Es importante mantener un enfoque equilibrado, centrándonos en los objetivos formativos específicos que se busca alcanzar y evaluando cuidadosamente la utilidad y los posibles riesgos de cada plataforma.

El éxito de la implementación de Instagram, TikTok u otras redes sociales en la formación no radica tanto en preferencias personales o creencias individuales, sino en la planificación cuidadosa de cómo estas herramientas pueden apoyar y enriquecer los procesos de enseñanza y aprendizaje. Es esencial proporcionar una orientación clara sobre el uso responsable y ético de estas plataformas, asegurando que los/as estudiantes comprendan los límites y las expectativas mientras desarrollan habilidades digitales pertinentes para el mundo actual.

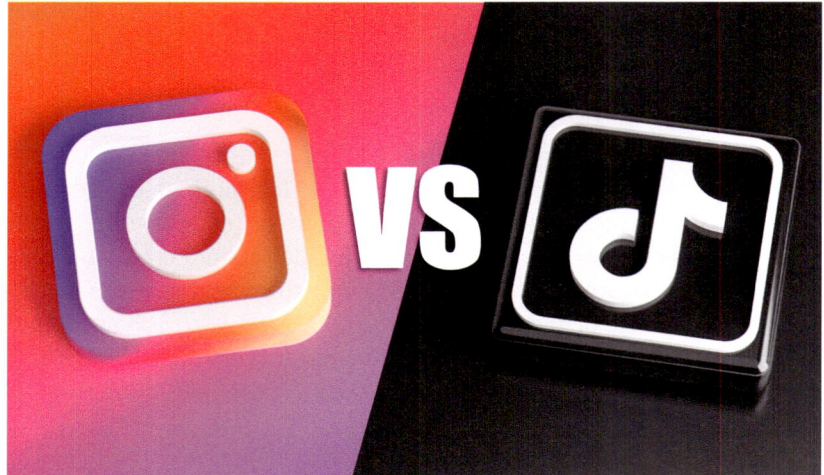

Figura 5.20. Elegir.

Por tanto, podríamos decir que, **sea cual sea la red que elijamos**, siempre deberemos partir de las mismas premisas:

- **Seleccionar la red social adecuada**: es fundamental escoger la plataforma que mejor se adapte al tipo de contenido y al grupo con el que estamos trabajando. Cada red social tiene sus particularidades y fortalezas, por lo que es crucial alinear su uso con los objetivos formativos específicos y las características del grupo.

- **Establecer una programación detallada**: similar a la planificación de una clase tradicional, es esencial programar la utilización de la red social dentro del currículo educativo. Esto implica definir claramente los objetivos pedagógicos, los contenidos que se van a abordar, la metodología de trabajo que se va a emplear, las actividades propuestas y los criterios de evaluación pertinentes. Solo así se asegura que su integración sea coherente y efectiva en el proceso de enseñanzaaprendizaje.

- **Capacitar a todos/as los/as participantes**: debemos asegurarnos de que todas las personas involucradas en esta tarea, comprendan y sepan manejar la herramienta digital seleccionada. En el caso de personas adultas en Formación Profesional para el Empleo, es posible que algunos/as no estén familiarizados/as con ciertas redes sociales o necesiten apoyo adicional para su uso efectivo. La formación inicial y el soporte continuo son clave para garantizar la participación equitativa y productiva de todos/as los/as implicados/as.

- **Respetar las preferencias y limitaciones individuales**: es importante reconocer y respetar las preferencias individuales respecto al uso de la red social. Si alguna de las personas participantes de nuestro grupo muestra reticencias o preocupaciones sobre la herramienta, es crucial abordarlas y proporcionar alternativas viables. *La participación debe ser voluntaria y tenemos que respetar las decisiones personales.*

- **Enfocarse en los objetivos educativos**: mantener la coherencia entre los objetivos definidos y el uso real de la red social es esencial. Evitar la mezcla indiscriminada de contenidos formativos con interacciones no relacionadas con el aprendizaje ayuda a mantener el enfoque pedagógico y maximizar el impacto educativo de la plataforma digital.

- **Vigilar posibles riesgos y conductas inapropiadas**: dado que las redes sociales pueden exponer a los/as participantes a riesgos como el ciberacoso, es fundamental monitorear las interacciones y el contenido generado. Establecer medidas de seguridad adecuadas y mantener una supervisión activa ayudará a prevenir y abordar cualquier incidente que pueda surgir.

- **Establecer normas de uso y netiqueta**: definir claramente las normas de comportamiento y etiqueta digital es esencial para fomentar un entorno educativo seguro y respetuoso en línea. Las normas deben incluir pautas sobre la privacidad, el respeto hacia los demás, la adecuación del contenido compartido y la forma de interactuar dentro de la red social educativa.

> Y no debemos olvidar que la presencia de las nuevas tecnologías en el ámbito educativo siempre puede generar distracciones en nuestros grupos clase si no indicamos claramente qué es lo que vamos a hacer y cómo se ha de hacer.

Figura 5.21. Diferentes aplicaciones.

A MODO DE CONCLUSIÓN...

- Si decidimos utilizar las redes sociales dentro de la formación *online*, no debemos tener miedo de hacerlo. Al igual que incorporamos libros, vídeos, diapositivas, murales o cualquier otro recurso en el desarrollo de una clase, también podemos integrar este recurso tecnológico con confianza. Sin embargo, debemos realizar un estudio previo para evaluar su idoneidad y utilidad para los objetivos educativos que nos hemos propuesto.

- El uso de las NTIC en la formación se ha venido discutiendo desde la aparición de las diapositivas impresas. No se trata tanto de fijarse en lo nocivo que puede ser realizar un mal uso del recurso, sino de ver la idoneidad y utilidad del uso del mismo dentro de nuestras plataformas.

- Las redes sociales ofrecen una plataforma dinámica y familiar para el aprendizaje en línea, permitiendo una interacción más directa y participativa entre estudiantes y docentes. Al utilizarlas estratégicamente, podemos enriquecer el proceso educativo mediante la colaboración, el intercambio de ideas y la creación de contenido. Además, proporcionan oportunidades únicas para desarrollar habilidades digitales y promover la alfabetización mediática entre los/as estudiantes.

- Debemos reconocer que la inclusión de redes sociales en la formación *online* requiere establecer directrices claras y normas de uso adecuadas. Esto garantiza un ambiente educativo seguro y respetuoso, donde se fomenta el aprendizaje activo y significativo. Además, la supervisión y el apoyo continuo por parte de los/as tutores/as son fundamentales para maximizar los beneficios de esta herramienta y mitigar posibles riesgos.

- Al igual que revisamos cuidadosamente los contenidos y la bibliografía antes de incorporarlos a nuestros cursos, el uso de redes sociales como tutores/as conlleva la responsabilidad de dominar a fondo la herramienta elegida. Esto no se limita a un conocimiento básico, sino que implica una comprensión profunda de su funcionamiento y potencial.

- Dominar una red social como herramienta educativa significa estar capacitado/a para gestionar adecuadamente su uso en el contexto del curso. Esto incluye saber cómo establecer normas de conducta, proteger la privacidad de los/as estudiantes, fomentar la participación activa y constructiva, y evaluar el impacto de su integración en el aprendizaje.

- El uso apropiado de las herramientas digitales permite aprovechar al máximo sus funcionalidades para enriquecer la experiencia educativa. Desde la creación de contenidos colaborativos hasta la facilitación de discusiones en tiempo real, las redes sociales bien utilizadas, pueden transformar la dinámica del aula y mejorar la comunicación entre estudiantes y tutores/as.

- Llevar recursos tecnológicos al proceso de enseñanzaaprendizaje no solo facilita la conexión con la realidad social contemporánea, sino que también fortalece el vínculo con el alumnado, que ya está inmerso en el uso cotidiano de tecnologías para diversos propósitos. Esta integración no solo busca adecuar los métodos educativos a las herramientas que los/as estudiantes utilizan fuera del aula, sino también aprovechar las ventajas que ofrecen estas tecnologías para enriquecer el aprendizaje.

- Utilizar las diferentes tecnologías educativas dentro de nuestras aulas o plataformas de formación nos permite proporcionar un aprendizaje más dinámico y participativo, donde los/as estudiantes pueden aplicar conocimientos de manera práctica y contextualizada. Esto no solo mejora su motivación y su implicación, sino que también fomenta habilidades clave como el pensamiento crítico, la colaboración y la creatividad, esenciales para su desarrollo integral en un mundo cada vez más digitalizado.

ACTIVIDADES FINALES

A continuación, encontrarás algunas preguntas sobre la unidad que acabamos de trabajar, para que puedas comprobar el grado de conocimientos que has adquirido.

5.1. ¿Qué son las redes sociales dentro del contexto formativo?

5.2. Menciona dos ejemplos de cómo las redes sociales pueden ser utilizadas para buscar recursos educativos.

5.3. ¿Por qué es importante verificar la fiabilidad de la información encontrada en redes sociales antes de utilizarla en el contexto formativo?

5.4. Describe brevemente cómo las redes sociales pueden facilitar la colaboración entre estudiantes y docentes en un entorno formativo.

5.5. ¿Qué precauciones deberían tomar los/as formadores/as al utilizar redes sociales para buscar recursos educativos?

5.6. Menciona dos beneficios del uso de redes sociales para la búsqueda de recursos educativos, en comparación con métodos tradicionales.

5.7. ¿Cómo pueden las redes sociales ayudar a los/as estudiantes a desarrollar habilidades digitales y de pensamiento crítico?

5.8. Enumera dos limitaciones o desafíos del uso de redes sociales como herramientas para la búsqueda de recursos educativos.

5.9. ¿Qué recomendaciones darías a un/a formador/a que desea integrar redes sociales en sus prácticas educativas para la búsqueda de recursos?

5.10. ¿Cuál crees que es el papel futuro de las redes sociales en la educación basada en tecnología?

Glosario

- **Aprendizaje en línea**: modalidad formativa que se lleva a cabo a través de Internet, permitiendo a los/as estudiantes acceder a materiales y actividades educativas desde cualquier lugar.

- **BigBlueButton**: sistema de conferencias web diseñado para el aprendizaje en línea, que permite la colaboración en tiempo real a través de videoconferencias, presentaciones y herramientas interactivas.

- ***Blended Learning* o *B-Learning***: m*étodo de enseñanza que combina la educación presencial con el aprendizaje en línea, aprovechando lo mejor de* ambas modalidades.

- **Blog**: sitio web donde uno/a o varios/as autores/as publican regularmente contenido en forma de artículos o entradas, generalmente sobre un tema específico.

- **Chat**: herramienta de comunicación en línea que permite a los/as usuarios/as intercambiar mensajes de texto en tiempo real.

- **Comunicación asíncrona**: interacción entre usuarios/as que no ocurre en tiempo real, permitiendo a los/as participantes responder en momentos diferentes. Ejemplos: correos electrónicos, foros.

- **Comunicación escrita**: transmisión de mensajes e información a través de texto escrito, incluyendo correos electrónicos, mensajes y documentos.

- **Comunicación no verbal**: transmisión de mensajes sin el uso de palabras, a través de gestos, expresiones faciales, lenguaje corporal y tono de voz.

- **Comunicación síncrona**: interacción entre personas que ocurre en tiempo real, permitiendo la comunicación inmediata. Ejemplos: chats, videoconferencias, llamadas de teléfono.

- **Comunicación verbal**: transmisión de mensajes entre personas e información mediante el uso de palabras habladas.

- **Competencias digitales**: conjunto de habilidades y conocimientos necesarios para utilizar eficazmente las tecnologías de la información y la comunicación en el proceso educativo.

- **Correo electrónico**: sistema de comunicación que permite enviar y recibir mensajes a través de Internet, utilizando direcciones de *email*.

- ***E-learning***: proceso de aprendizaje que se realiza a través de medios electrónicos, especialmente Internet.

- **Evaluación en línea**: proceso de medir y valorar el aprendizaje de los/as estudiantes a través de herramientas digitales, como cuestionarios, pruebas en línea y proyectos virtuales.

- **Foro**: espacio de discusión en línea donde los/as usuarios/as pueden publicar mensajes y responder a los de otras personas, permitiendo el intercambio de ideas y opiniones sobre un tema específico.

- **Google Docs**: aplicación de Google que permite crear, editar y colaborar en documentos de texto en línea en tiempo real.

- **Google Drive**: servicio de almacenamiento en la nube de Google que permite guardar, compartir y acceder a archivos desde cualquier dispositivo con conexión a Internet.

- **Google Meet**: plataforma de videoconferencias desarrollada por Google que permite realizar reuniones en línea con múltiples participantes.

- **Habilidades de comunicación**: capacidad para transmitir información de manera clara y efectiva, tanto en formato escrito como verbal, y en un entorno virtual.

- **Interactividad**: uso de tecnologías que facilitan la comunicación bidireccional y la participación activa de los/as estudiantes en el proceso educativo.

- **LMS (*Learning Management System*)**: sistema de gestión del aprendizaje que permite la administración, distribución y control de actividades de formación en línea. Ejemplos: Moodle, Blackboard, Canvas.

- **Mensajería instantánea**: herramienta de comunicación que permite el intercambio de mensajes en tiempo real a través de Internet.

- **Métodos tutoriales**: enfoques pedagógicos utilizados por los/as tutores/as para facilitar el aprendizaje de los/as estudiantes, como la tutoría individualizada y la tutoría grupal.

- **Microsoft Teams**: plataforma de colaboración y comunicación que integra chat, videollamadas y herramientas de productividad, ampliamente utilizada en entornos educativos y empresariales.

- **MOOC (*Massive Open Online Course*)**: curso en línea abierto y masivo, diseñado para llegar a un gran número de participantes a través de Internet.

- **Moodle**: plataforma de aprendizaje en línea de código abierto utilizada para crear cursos y sitios web educativos, que permite gestionar, entregar y evaluar contenidos educativos de manera flexible y personalizable.

- **NOOC (*Nano Open Online Course*)**: curso en línea abierto y de corta duración, centrado en un tema específico y diseñado para ser completado en poco tiempo.

- **NTIC (nuevas tecnologías de la información y la comunicación)**: tecnologías emergentes que facilitan la comunicación y el intercambio de información, como Internet, redes sociales y dispositivos móviles.

- **Plataforma de formación**: entorno virtual que permite la gestión y desarrollo de cursos en línea, facilitando la interacción entre tutores/as y estudiantes. Ejemplos: Moodle, Blackboard, Canvas.

- **Presentación multimedia**: conjunto de elementos visuales y auditivos, como texto, imágenes, audio y vídeo, utilizados para presentar información de manera atractiva y efectiva.

- **Programas de tutoría**: *software* diseñado para ayudar a los/as tutores/as en la gestión y seguimiento del progreso de los/as estudiantes. Ejemplos: Google Classroom, Microsoft Teams.

- **Redes sociales**: plataformas digitales que permiten la creación y el intercambio de contenido generado por los usuarios, facilitando la comunicación y la colaboración. Ejemplos: Facebook, X (antes Twitter), LinkedIn.

- **Retroalimentación**: proceso mediante el cual el/la tutor/a proporciona a los/as estudiantes comentarios sobre su desempeño, con el objetivo de mejorar su aprendizaje.

- **TIC (tecnologías de la información y la comunicación)**: conjunto de tecnologías que permiten el acceso, almacenamiento, transmisión y manipulación de información. Ejemplos: computadoras, Internet, *software* educativo.

- **Tutor/a-formador/a**: profesional encargado/a de guiar, apoyar y evaluar a los/as estudiantes en un entorno de aprendizaje en línea.

- **Videoconferencia**: herramienta de comunicación que permite realizar reuniones a través de Internet con transmisión de audio y vídeo en tiempo real.

- **Wiki**: sitio web colaborativo donde los/as usuarios/as pueden crear, editar y enlazar páginas de contenido de forma conjunta.

- **Wifi**: tecnología que permite la conexión inalámbrica a Internet de dispositivos electrónicos.

- **Zoom**: plataforma de videoconferencias que permite realizar reuniones virtuales con múltiples participantes, ofreciendo herramientas para la colaboración en línea.

Bibliografía

■ Alba Galván, C. de, *Tutorización de acciones formativas para el empleo*, Ediciones Paraninfo S. A, 2015.

■ Ruíz Martín, H., **¿Cómo aprendemos? Una aproximación científica al aprendizaje y la enseñanza**, 1.ª *edición, Editorial Graó, 2021*.

■ Aedo Cuevas, I.; ***Díaz Pérez, P.***; Sicilia Urbán, M. Á.; Vara de Llano, A., *Sistemas multimedia: análisis, diseño y evaluación*, Editorial UNED, 2004.

■ Euroinnova Bussines School e I Editorial, *Aplicación de las herramientas digitales en la innovación educativa*, I Editorial, 2020.

■ Muñoz Carril, P. C.; González Sanmamed, M., *Plataformas de telefcrmación y herramientas telemáticas*, 1.ª *edición, Editorial UOC, S.* L., 2009.

■ Rosiris Castro Méndez, A., *E-learning desde cero: Descubre como ser un docente online*, 1.ª *edición, Editorial* Create Space Independent Publishing ꟼlatform, 2016.